次世代スクールリーダーのための
ケースメソッド入門

CASE METHODS FOR PRINCIPALSHIP TRAINING

日本教育経営学会実践推進委員会 編

花書院

巻　頭　言

　この度、日本教育経営学会実践推進委員会による『次世代スクールリーダーのためのケースメソッド入門』を作成しました。これは、科研「校長の専門職基準を踏まえたスクールリーダー教育の可能性」（代表：牛渡淳、平成25～27年度）の第一年目の研究成果の一部としてまとめた『「校長の専門職基準」に準拠したケースメソッド教材集』をブラッシュアップして発刊するものです。近年、「ケースメソッド」は、スクールリーダー教育のための新しい教育方法として大変注目を浴びていますが、そのための教材の開発が大きな課題となっていました。この『ケースメソッド入門』は、学校経営を進める上で出会う様々な事例をまとめたもので、研修等で使用できるよう、それぞれに設問を設けると同時に、研修企画担当者や講師にとっても役立つように、その出題の意図や専門職基準との関係についても詳しく解説しています。さらに、それぞれの事例内容について、教育経営学的見地から、専門の研究者によるコメントも加えております。

　私が研究代表を務めた前回の科研「専門職基準に基づく校長の養成・採用・研修プログラムの開発に関する実証的研究」（平成22～24年度）においても、研究成果報告書として『ケースメソッド事例集』をまとめましたが、今回の『ケースメソッド入門』は、それに続く第二弾として位置づけられるものであります。本書のとりまとめについては、実践推進委員長である九州大学大学院の元兼正浩教授を中心となったグループが行いました。その労を謝したいと思います。この『ケースメソッド入門』が、スクールリーダー養成の現場で活用されることを願っています。

　　　　　　　　　　　　　　　　　　　　　　　　　　日本教育経営学会
　　　　　　　　　　　　　　　　　　　　　　　　　　会　長　牛　渡　淳

序 〜 ケースメソッドの世界への誘い

日本教育経営学会実践推進委員長
九州大学大学院　教授

元兼　正浩

　本書を手にとっていただいた皆様、次世代スクールリーダーのためのケースメソッドの世界の入口へようこそお越しくださいました。第１部１で兵庫教育大学の浅野良一教授が基礎整理されておりますように、ケースメソッドはハーバード大学のビジネススクール（MBA）などで盛んにおこなわれている手法であり、ケースについて問題分析するばかりでなく、当事者の立場で意思決定を行うことに特長があります。MBAでは２年間に300もの事例について問題分析して意思決定を行い、それについてグループ討議、さらに全体討議を行っていると聞きます。この討議の過程を通じて持論を修正したり強化したりしていきます。ケースという紙の上のバーチャルな意思決定に見えますが、実際に同じような場面に出会った際、我々は結局同じような判断をしがちです。したがって、実際の経営者になる前に300事例にあたっておくことで、自身の引き出しを増やす意味があります。

　翻って教育界では、ワイングラス型と呼ばれてきた教職員の年齢構成図がふたこぶ型、フラスコ型へと大きく変化し、急速な世代交代の時期を迎えています。従来であれば、副校長、教頭、主幹教諭、教務主任といった時期に校長としての意思決定のスタイルを現場でOJTとして学ぶ機会も多かったでしょうが、これからはその時期が短くなり、さしたる準備もできぬままに経営判断を求められることになりかねません。また、こうした経営上の重要な意思決定の方法論は必ずしも現場にいれば自然に身に着くものでもありません。

　そこで近い将来、学校経営組織のトップとして意思決定、経営判断が求められる次世代スクールリーダーのためにその準備教育としてケースメソッドは有効な手段だと考えますが、残念ながらそれに見合うケース事例の蓄積は教育界にほとんど見当たりません。最近少しずつ出版されているものはいずれも一般教職員向けで、学校管理職を意識したものは管見のかぎり皆無です。そこでこうした事例を開発していく必要性を痛感した次第です。

日本教育経営学会（1958年発足の全国学会）では、スクールリーダー教育の指針として「校長の専門職基準」（2009年版）を作成するなど学校管理職の養成や研修に関心を寄せて参りました。学会の学的固有性を体現する実践推進委員会はその中核を担って参りました。本書は、日本教育経営学会の第Ⅲ期実践推進委員会のメンバーが中心となって取り組んでおります科学研究費「校長の専門職基準を踏まえたスクールリーダー教育の可能性」（研究代表者：牛渡淳・仙台白百合女子大学学長、平成25～27年度）の初年次成果の一部として作成した報告書が全国の教育センターはじめ多くの関係者にたいへん好評のため、これに加筆修正を行い新たに出版物としてひろく公刊するものです。共同研究者がプロジェクトグループに分かれ複数の調査研究活動を行っておりますので、より学術的な出版物も今後刊行予定ですが、まずは学校現場向けの使いやすい事例集を世に提示したいと思います。

　本書は3部で構成されています。第1部では「基礎整理」としてケースメソッドの概要と有用性、校長の専門職基準やキーワードの解題を掲載しました。本格的にケースメソッドや基礎概念を学びたい方のために参考文献に代表的な理論書を紹介しています。校長の専門職基準の本文・解説書（日本教育経営学会のホームページに掲載 http://jasea.sakura.ne.jp/teigen/2012_senmonshokukijun_index.html）もご確認ください。

　第2部はケースメソッド事例集として、ミドル・バージョンのケースを用意しました。これは九州地方（5県・3政令市）の各教育センターの指導主事が毎月博多駅の会議室に集まり作成したものです。まずはメンバーが「ケースメソッドとは何か」を理解するところから始めなければなりませんでした。そのためにケースメソッド研究の第一人者であります慶應義塾大学の竹内伸一先生や大阪教育大学の大脇康弘先生、九州女子大学の川野司先生ら第一線の研究者をお招きし、レクチャーを受け、作成したケースを使って実際に3日間のケースメソッド研修会も開催しました（その詳細は本書の第1部5をご参照ください）。それをもとにカリキュラム開発委員でさらにブラッシュアップし、実践推進委員ら共同研究者のコメントも加え、複眼的な視点でケースを読み取れるように構成しています。

　第3部はショートバージョンのケース事例を用意しました。学校管理職ら現職の先生方に原案を作成してもらい、十数回の協議を経て、校長の専門職基準との関係や参考文献を整理し、さらにコラムも加え、小・中・高の校種別に配列してここに提示するものです。

勿論、ここで紹介しているケースそれ自体はフィクションであり、校種やテーマも様々ですが、スクールリーダーとして似たようなケースにどこかで出会う可能性のある内容を設定しています。まずは読み物として楽しんでいただき、繰り返し読むことで行間を汲みとっていただきたいと思います。ケースの多くは決断を迫られる危機場面が描かれておりますので、ケースの問題分析を試みてください。この学校はなぜこのような事態に陥ってしまったのか、その原因を時系列で書き出してみるといった作業です。問1の多くはそうした設問になっています。

　問2はあなたが校長だったら、次にどのような一手を打つかを問う設問です。先に述べましたように、ケースメソッド研修の特長は的確な判断力、迅速な決断力を促す点にあり、トップリーダーとして求められる揺るぎない決断力をミドルの時代に育成することに最大の意義があります。

　本書を研修等で活用される場合は、各グループ討議、全体のディスカッションの中で、他者の意見、そしてディスカッションリーダーの整理と交わることにより、ご自身の判断根拠の曖昧さ、想定範囲の視野の狭さに気づき「持論」を修正したり、反対に自身の判断の妥当性に手応えをもって「持論」を強化したりすることを繰り返していただきたいと思います。また、単独で本書を活用される場合は本書の解説や回答例とご自身の意見を戦わせてみてほしいと思います。もちろん正解というものはないのですが、いずれの考え方がより説得力をもっているか、「勇気・礼節・寛容」の精神をもって、活発な「議論」が展開されることを願ってやみません。

2014年　盛夏
箱崎キャンパスにて

Contents

2 .... 巻頭言　牛渡　淳
3 .... 序　　　元兼正浩

9 ｜ 第1部　基礎整理

10 .... 1　ケースメソッドとは何か
14 .... 2　校長の専門職基準とは
26 .... 3　ケースメソッドで何を学ぶのか
34 .... 4　「校長の専門職基準」を読み解くキーワード
43 .... 5　ケース教材を用いた研修会運営の実際

47 ｜ 第2部　ケースメソッド事例集
（ミドルバージョン）

48 ....Case 1　校長、恩を仇で返すのか
58 ....Case 2　校長先生、お話しがあるのですが!!
　　　　　　―対応の遅れが、若手教師の学級崩壊につながった話―
66 ....Case 3　チーム緑山へようこそ！
76 ....Case 4　校長先生どうにかして下さい!!
86 ....Case 5　そんなに気に病むことはありませんよ
96 ....Case 6　まさか、こんなことに
106 ....Case 7　校長先生、どうしますか？
　　　　　　　～「新たな職」を機能させる組織づくり～
116 ....Case 8　通常の学級では限界があるんです。

131　第3部　ケースメソッド事例集
（ショートバージョン）

- 132..Case　9　「学校はいじめを放置しているのか！」
  〜批判を拡大させないためにはどうしたらよいか〜
- 138..Case 10　クラス替えの保護者の要望は聞き入れるべきか
- 144..Case 11　校内研究への教職員の意欲と協力体制を
  どのように立て直すか
- 152..Case 12　校長として学校をどのように
  「開いて」いくことができるだろうか。
- 158..Case 13　対立する二つの自治区のはざまで
- 164..Case 14　本来は力のある教員と同調的な教師集団を
  どう変えていくか？
- 170..Case 15　先生、熱が下がりません
- 180..Case 16　A男とB男の決闘の果てに…
- 188..Case 17　特定の教員、生徒の身だしなみ・生活態度等の乱れに
  どう対処するか。
- 194..Case 18　国旗・国歌を巡る学校現場の対立にどう対応するのか
- 200..Case 19　やる気満々の新任、はなまる校長…学校ビジョンをど
  のように共有させるか
- 206．Case 20　閉鎖的な体質を改善し、学校の根幹である授業の質を
  高めていくには？
- 214．Case 21　有名監督は体罰教師！？

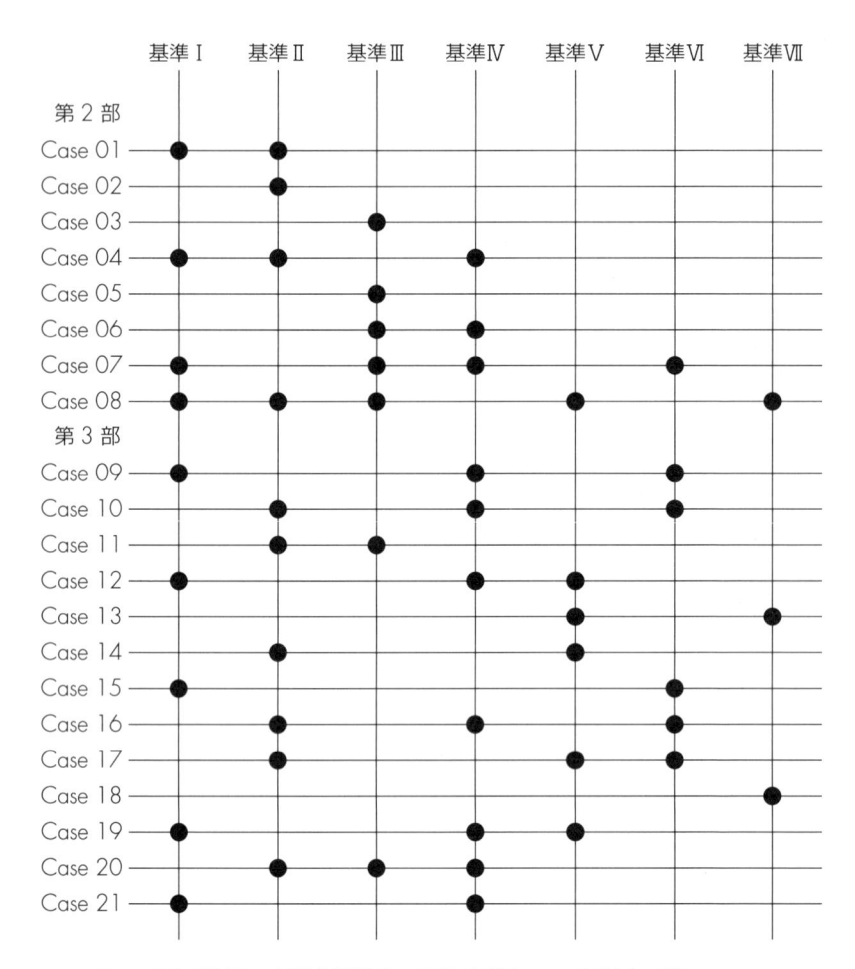

	基準I	基準II	基準III	基準IV	基準V	基準VI	基準VII
第2部							
Case 01	●	●					
Case 02		●					
Case 03			●				
Case 04	●	●		●			
Case 05			●				
Case 06			●	●			
Case 07	●		●	●		●	
Case 08	●	●			●		●
第3部							
Case 09	●			●		●	
Case 10		●		●		●	
Case 11	●	●					
Case 12	●			●	●		
Case 13					●		●
Case 14		●		●			
Case 15	●					●	
Case 16		●		●		●	
Case 17		●			●		
Case 18							●
Case 19	●			●			
Case 20		●	●	●			
Case 21	●			●			

図　校長の専門職基準I〜VIIと本書ケースの対応一覧

#01

第 1 部 | 基礎整理

1 ケースメソッドとは何か

1 ケースメソッドの概要

　本格的な事例研究がケースメソッドである。ケーススタディがシカゴ大学で開発されたことから「シカゴ方式」と呼ばれるのに対し、ケースメソッドはハーバード大学で生まれたため「ハーバード方式」と呼ばれる。この技法は1908年、エドウィン・F・グレイ教授が考えたもので、当初は、法律学や医学の授業などに使われていたが、第１次世界大戦後、経営環境の変化にともない、マネジメントスクールや企業内で総合的管理能力の開発を目的に活用されるようになった。日本では1956年（昭和31年）に、慶応大学のビジネススクールで、1961年（昭和36年）に日本生産性本部で実施されるようになった。

　この方式は具体的事例を提示し、その事例の問題点は何か、原因はどこにあるのか、その対策は何か、といった手順で討議し、参加者の世代解決能力や判断力を高めていくことをねらいとする。

　ケースメソッドは、事例の作成や背景の理解、討議の誘導などに高度な技術が必要になるため、自社の講師のみで実施することは難しい。したがって、自社に専門講師を招いて実施するか、専門団体に受講者を派遣して行うことになる。

2 ケースメソッドの特色

　ケースメソッドは、経営管理上で起こった専門的問題を取り上げるため、管理者や経営者層、あるいは将来の幹部候補生が対象となる。また、問題解決能力や企画力を必要とするゼネラルスタッフや役付専門職の人にも適した技法である。

　ケーススタディが小事例や短縮事例など比較的短い事例を用いるのに対し、ケースメソッドは10～20ページにも及ぶ、複雑で長文の事例を用いる。研修日数は最低でも３日かかり、長いものは数カ月にも及ぶ。

　また、ケーススタディが第三者の立場で考えるのに対し、ケースメソッドは事例の当事者の立場で考えるという違いもある。

　日本で独自に開発したケースは少ないが、ハーバード大学のビジネススクールには２万ケース以上もあるといわれている。事例の領域は、販売、生産、財務、人事労務、組織、計数管理など、あらゆる分野に及ぶ。

ケースメソッドの研修効果としては、次のことが期待できる。
- ●常に変化する環境下で発生する新しい問題への対応能力が高まる。
- ●経営分析や問題分析などの経営感覚、管理感覚が高まる。
- ●不特定多数の事例を体験させることにより、原理・原則を発見できる。
- ●間接経験を通じて、行動の見直しと修正が行われる。
- ●問題解決の手順や技法が体得できる。
- ●自発的な発言や思考を通じて、前向きの行動力、挑戦力が開発できる。

ケースメソッドのバリエーションとしてインシデント・プロセスがあるが、新しい事例研究法もいろいろと生まれている。ケースメソッドが代表的なものであるが、それぞれの特色を生かして活用していきたい。

【表：事例研究の種類】

	型	事例	立場	主な対象	主な目的	実施方法
事例研究	短縮事例（シカゴ方式）	小事例短縮	本人第三者	全般	理論・原則	事例紙 1.問題点の抽出 2.原因の追究 3.解決策の検討 4.グループ意見交換
	ケースメソッド（ハーバード方式）	長文・複雑	本人	管理者以上	意思決定 問題解決 人間関係訓練	問題点、原因、解決策について 個人研究 ↓ グループ討議
	インシデント・プロセス	短縮（実例）	本人	管理者以上	問題解決 人間関係訓練	1.インシデント提示 2.事実を質問 3.解決策の決定 4.教訓の発表
	経過事例法	短縮（数部）	本人	管理者	問題解決研究	時間（10分〜30分）で事例を渡す
	行動事例法	短縮	特定の役割演技	管理者	問題解決 コミュニケーション 実行力 意思決定	時間制限 （ロールプレイング） 個別研究、背景 ↓ ロール （組織役割の明細） ↓ 検討会

3　ケースメソッドの手順

　ケースメソッドは、明確に定まった手順を踏まずに進めていくところにも特色があり、アメリカのビジネススクールでは、それぞれの教授により進め方が違うといわれている。結論よりも討議のプロセスを重視するからであろう。ただ、問題解決の流れに沿って進めるため、大まかな手順は共通である。

① 個人研究を行う

　配布された事例について、個人別に、事前の事例分析と解決策の検討を行う。事例は長文であるため、検討には２時間以上を必要とする。合宿研修などでは、１日１ケースから３ケースで、個人研究は夜に行わせることが多い。分析のためにデータ収集が必要な場合もあるので、図書館や情報センターが併設されているところでの実施が望ましい。

　個人研究は次の手順で行う。
　　ａ．事例を熟読し、事例の当事者の立場に立って、状況を的確に把握する。
　　ｂ．事例の背後にある問題点を抽出し、関係や重要度、緊急度の分析を行う。この分析を通じて問題の核心をつかんでいく。
　　ｃ．問題の追求が終わったら解決策を検討する。解決策は状況により異なるため、複数案を考え、妥当な案を選択する。
　　ｄ．問題点や解決策を簡単なリポートにまとめる。

② 小グループ討議を行う

　個人研究の結果を持ち寄り、小グループで相互に発表し合いながら内容の検討を行う。この段階は、問題の共有化、問題意識の高揚に欠かせない。小グループ討議の目的は、あくまでも内容の検討比較であり、結論を出すことではない。グループ内でリーダーを決めて行ってもよい。

③ 全体討議（クラス討議）を行う

　講師が中心になり、メンバー全員で内容の検討を行う。手順は特に定まっていないが、講師の指示により、「問題は何か」「関連する事実は」「いかに対策を講ずるべきか」「この事例をどう思うか」といった手順で進めていく。講師が介入するのはこの段階だけであるが、討議を活発にするため、積極的なリーダーシップを発揮する必要があ

る。ケースメソッドの学習の目的は、いかなる行動をとるべきかの結論に達することであるため、そのための介入は積極的に行う。また、メンバーの興味と関心を持続させなければならない。前にも述べたように、唯一の解答を求めることが目的ではないため、自ら感じ取り、学び取るように誘導していくことが何よりも大切になる。

結論に到達したあとは、講師が討議過程を振り返り、簡単な感想を述べてまとめる。

④ 次回事例を配布する

インターバルをおいて実施する場合には、次回の事例を渡し、前もって検討させてもよい。

4　その他の留意点

頻度は低いと思うが、自社の講師や教育担当者が実施する場合について、展開上の留意点をいくつか述べておく。

- ●唯一の解答を求めるのではなく、新しい状況下で的確に思考する能力を高める技法であることを受講者に意識させる。
- ●現実の場面と対比させながら事例を検討させる。
- ●参加者の立場、役割、おかれている現状にマッチした事例を選ぶ。
- ●実施する事例間の関係やつながりを事前に説明する。
- ●事例討議過程で、講師はときどき研究課題を与え、メンバーの問題意識を喚起する。

（兵庫教育大学　浅野　良一）

2　校長の専門職基準とは

はじめに

　2011年の夏にソウル大学校附属教育行政研修院を訪問した。この施設は校長になるための資格研修や現職校長の職務研修を行っている機関で、その日は優良校長が集められ、昼間からワインをたしなんでいた。ウエスタン・スタイルを身につける研修だという。もし日本で同様のことを行えば、おそらく税金の無駄遣いとして問題になるだろう。しかし、イ・ミョンバク前政権下での校長は学校のＣＥＯ（最高経営責任者）だと位置づけられ、トップリーダーとしての高いステイタスを与えられるべきと考えられている。

　校長になるための資格研修においても、一人あたり日本円にして30万円程の公費が投入され、2ヵ月半（2012年度からは期間はほぼ半減されたが予算は据え置き）の研修のなかで、海外視察が組まれたり（2012年度はドイツ視察）、国内移動の場合もトップリーダーになるのだからという理由で、飛行機のファーストクラスに乗せたりといった研修が行われていた。この2ヵ月半の研修に継続的に参加させてもらい、受講者の教頭先生たちと何度も意見交換をしたが、やはりトップリーダーである校長への就任意欲はかなり高いように感じた。実際にいまや10倍近い競争倍率となり、資格を得てもなかなか校長になれない状況にある（インタビュー記録「第Ⅲ部韓国校長資格研修の現状（2012年度）」『教育行政の費用効果分析の可能性及び「校長の専門職基準」の再検討』科研費中間報告書（代表者：元兼正浩）、2013年を参照）。

　もちろん日本でも校長の公募に民間・一般からも多くの希望者が集まるように「一国一城の主」である校長職に魅力を感じる者は決して少なくない。ただ、民間人校長の登用問題も含め、トップリーダーとしての校長に対しどのような資質・力量を期待すべきかについての社会的合意（コンセンサス）が十分にないまま任命権者による登用や研修が行われているのではないだろうか。そこで日本教育経営学会（昭和33年発足、現会長は牛渡淳・仙台白百合女子大学教授）では各校長会や教育委員会との対話を進めながら、実践推進委員会を中心に、プロフェッショナルとしての校長職のスタンダードづくりを行っている。現在、「校長の専門職基準（2012年修正版）」を発表している。

　以下、わが国における管理職の養成の課題と今後の在り方、さらには校長に期待さ

れる資質・力量は何かという根源的な諸問題について、この校長の専門職基準を手掛かりにしながら検討してみることとしたい。

1 今、なぜ管理職の力量か

　筆者が校長職の研究に着手したのは、元号が昭和から平成に変わったばかりの1990年のことである。当時、周囲からは校長など誰がやっても変わり映えもしない双六の「アガリ」の職で、教育委員会の出先にすぎないので研究対象として魅力がない等と「助言」されていた。たしかに1990年に実施した教育委員会の人事担当者に対する調査でも、校長にどのような資質力量を期待するのかという項目の上位に「指揮・統制能力」が入っており、管理・運営能力が期待されていた（拙稿「学校改善のための校長人事プログラム開発」『二十一世紀の学校改善－ストラテジーの再構築－』第一法規、2003年、314-327ページ）。

　これが変化するのは90年代後半からのことである。地方分権、規制緩和の用語が政治、経済分野など巷で溢れ、そのインパクトは教育界にも押し寄せてきた。実感はないものの校長の裁量権拡大など「自律的学校経営」が叫ばれ、学校評議員制度や自己点検・自己評価など学校に基礎を置いた教育改革（School Baced Management）が徐々に進行し始めていた。その中核を担う存在として校長に期待が集まり、雑誌も「今、校長が面白い」等の特集が組まれていた。

　2000年度の調査で先の「指揮・統制能力（管理運営能力）」項目は3位から7位に転落し、かわって上位には「統率力、リーダーシップ」を筆頭に、「教育への信念や理念」、「判断力、意思決定能力」、「豊かな人間性」が続いている。この4項目が校長職に期待される資質・力量として抜きんでて高い項目となった。

　すなわち、この90年代のディケイド（10年間）に校長職に期待される資質力量が大きく変化したことがうかがえる。やはり1990年代後半がターニング・ポイント（転換点）であったのだろう。教育委員会の意向通りに法規に則って上意下達式に学校運営を完遂させる「管理者」として「指揮・統制能力（管理運営能力）」を有する人材が求められていたのに対し、ミレニアム以降、長期の展望をもって、言葉やビジョンで学校構成員をリードし、組織を内部から革新していく「経営者」としての資質・力量が求められるようになっている（拙著『次世代スクールリーダーの条件』ぎょうせい、2010年、54頁）。

　また別の角度からみると、「ひしめく」と称された団塊世代の退職期をこのゼロ年

代に迎えており、今なお次世代を担える中堅層教員が全国的に不足している状態にある。以上、直面する「質」と「量」の同時の確保というアポリア（難題）が管理職の力量確保や人材育成に関心が強まっている背景であろう。

2　大学院で力量を高める

　1990年代後半より学校管理職の「質」と「量」が同時に求められるようになったことを前項で指摘した。こうしたニーズに呼応するかのように、教育系大学院にも社会人対象の昼夜間開講コースを開設する動きがみられるようになった。例えば、筆者が勤務する九州大学大学院に「学校改善」専修が設置されたのは1996年のことである。大学院重点化や法人化の可能性などを視野に入れた大学改革の方向性を模索した時期でもあった。

　「教員養成は大学で行う」という戦後教員養成の大原則があるものの、それに続く採用や研修は教育委員会が担ってきた。大学側はせいぜい研修講師として個人的に呼ばれる程度である。管理職「養成」段階である中堅層の研修や登用人事にあたっても同様で、行政側が一元的に担ってきた。採用汚職事件などの不祥事が起きるたびに教育行政の閉鎖的なムラ社会性が問題視され、外部が関与するシステムが検討されるものの、人事という本丸は今なお行政が掌握している。

　しかしながら、研修については随分と柔軟になり、大学と教育委員会が共同で短期研修プログラムを開設する例などが増えてきた。先に紹介したような社会人対象の夜間大学院を開設している大学の多くがこうした短期プログラムを有している（九州大学も2006年度より「学校管理職短期マネジメント研修」という5日間の公開講座を福岡県教育庁義務教育課との共催、福岡市教委・北九州市教委の後援で毎年夏に開設している）。

　「質」と「量」との関係でいえば、大学院での2年＋αの学びは非常に重要できわめて良質な力量形成の機会と思われるが、受益者負担という思想の下、高額な授業料やアフターファイブ通学というかなりの高コストを支払える少数者のみに開かれた機会となっている現実がある。経済的、時間的な支援策を講じない限り、いくら大学院でスクールリーダー教育の「質」を向上させたとしても、需要はそれほど増えないであろう。ボリューム（量）という意味では短期研修プログラムの方が現実的には可能性があるのではないだろうか。

　2013年5月末に自民党教育再生実行本部案における管理職養成改革案：「教師大

学院に学校マネジメントを重点的に学修する管理職養成コースを設置し、このコースを修了することを管理職への登用の要件とする」が示された。管理職養成コースは「質」はもとより「量」にも対応できるかが成否の鍵となるだろう。

3 校長の専門職基準とは

　学校管理職の力量形成にあたって、大学が一定の役割を果たすようになった。こうしたスクールリーダー教育の質保証のために日本教育経営学会が作成したのが「校長の専門職基準」（2009年版）である。

　この基準の活用方法として以下の6点が挙げられている。ア　将来の校長を目指している者が、自分自身の力量のありようをみつめ直し、課題を明確にする拠所として、イ　校長候補者を対象に教育委員会・研修センター等で実施される短期的な研修プログラムを開発する際の枠組みとして、ウ　校長の養成をねらいとする大学院教育のカリキュラム開発あるいは授業づくりのための共通基盤として、エ　校長の選考・採用時における評価基準の作成における枠組みとして、オ　現職校長を対象に教育委員会・研修センター等で実施される短期的な研修プログラムを開発する際の枠組みとして、カ　現職校長が自分自身の職務遂行のあり方や自身の力量のありようについて振り返り、見つめ直すための拠所として。

　以上のように、校長候補者から現職校長までを含む各キャリア・ステージに即して、自身の資質・力量を見つめ直す目安としたり、管理職の研修や養成担当者にプログラムを開発する際のフレームとして活用してもらったり、人事担当者に評価基準として参照してもらったりするなど、校長の力量形成・養成に関与している様々な人や機関等に幅広く活用してもらうことを期待するものである。

　そうした活用例を提示しているため、校長評価や資格制度化など人事管理の道具であるかのように受け取られがちであるが、誤解である。職能団体としての校長会等が自律的にこうした基準を策定して専門職としての資格制度を推進する場合、もしくは中央・地方の教育行政機関が策定する場合はそのような可能性もあるが、今回は特定学会が関係機関の意見を聴取しながら作成しているにすぎない。

　校長の専門職基準の中で描かれている「あらゆる児童生徒のための教育活動の質的改善」という目的や、この目的のために校長職は「教育活動の組織化をリードする」という性格づけについても議論が継続している。少なくとも校長は教育職か経営職かといった従来の二元論を乗り越える枠組みを提示し、7つの基準を示すことで、大学

で養成できる力量は何か、ミドル段階で培うべき力量は何かなどを議論するたたき台を提起するものである。

4　共有ビジョンの形成（基準Ⅰ）

　「校長の専門職基準」は「校長に求められる力量の構造」として7つの基準を掲げているが、それは並列ではなく、ツリー上の構造をイメージしている。その頂点に位置するのが基準Ⅰ「学校の共有ビジョンの形成と具現化」である。

　この第Ⅰ基準は7つある基準の中でも校長の中核的仕事として認知されており、新任校長がその力量に最も不安を感じる領域でもある（教員研修モデルカリキュラム「次世代スクールリーダー」養成プログラムの共同開発」成果報告書、2010年－元兼研究室HPよりダウンロード可能）。それまでは上司たる所属校長の経営方針に従い校務運営方針を作成するにすぎなかった教頭が、新任でも校長に就任した途端、ビジョンを作成しなければならないと考えるからである。

　なお、ここでは共有ビジョンの形成とうたっており、校長による単独のビジョンの作成を期待していないことに注意が必要である。校長のビジョンが地域住民や保護者どころか教職員に共有されていないことがしばしばある。

　では、なぜ共有されないのだろうか。校長の説明が足りないのか、それとも教職員の聴き方が悪いのか。多くは校長が提示するビジョンそれ自体に魅力がないことが最大の問題である。校長の中にはビジョンを以前より温めてきたという者がいる。だがそれはモットー（持論）にすぎず、ビジョンとして共感され難い。

　ビジョンが旅の目的地と説明されるように、関係者がついていきたくなるような目的地を示さなければならない。そのために重要なことはまず現在地（わが校の等身大の状況）を的確に把握することである。ＳＷＯＴ分析などもそのためのツールにすぎない。同じ事象に対してもそれを強みとみるか弱みとみるか、眼差しによって評価が分かれる。したがって等身大の実態を客観的に把握できる目を養うことが重要であろう。同じ「みる」でも「見る、観る、見る、視る、看る、診る…」と複眼的な視角が管理職には必要とされる。

　基準Ⅰの下位項目には「様々な方法を用いて学校の実態に関する情報を収集し、…」とある。学校評価の実施もそのためにある。校長は「経験と勘」で勝負するのではなく、実証データに基づいて、それを分析する能力が求められる。エビデンス（証拠）に基づいた経営判断は説明責任も果たしやすく保護者や地域の信頼感を勝ち取る一助とも

なる。現在地が把握できてはじめてその旅に出かける準備や行程を計画できる。全国学力・学習状況調査など様々な取組みを行っている割に分析方法が曖昧だが、それこそ関係者と共有可能なビジョンを形成するための第一歩なのである。

5　カリキュラムマネジメント（基準Ⅱ）

「校長の専門職基準」の第Ⅱ基準は、「教育活動の質を高めるための協力体制と風土づくり」である。前に述べたように、専門職基準では「あらゆる児童生徒のための教育活動の質的改善」をプロフェッショナルとしての校長職の究極の目的と捉えている。もちろん、教育活動を直接担うのは最前線に立つ教師たちであるため、管理職は後方支援の位置づけとなる。とりわけこの教育活動領域は教務主任や教頭の方が校長よりも前面に出ることが多く、校長の役割は「協力体制と風土づくり」として一歩引いて記述している。具体的には、（当該）学校にとって適切なカリキュラム開発を提唱・促進し、教職員が協力してそれを実施する体制づくりと風土醸成を行うと書かれてある。ここではカリキュラム開発という用語が意識的に使用されているが、教育現場の感覚では教育課程の経営の方がなじみやすいだろう。ただ、学習指導要領などの法令に留まらず、時にはヒドゥン（隠れた）カリキュラム等も含み込んで、教育課程よりも広範な概念として提起している。

共有ビジョン実現のために、児童生徒の実態と学習指導要領に基づいて適切なカリキュラムを開発するように教職員をリードすると下位項目には描かれている。これは第Ⅰ基準のビジョン形成と連関し、それをカリキュラムとして具体化する際のリーダーとしての責任が校長に求められている。また教職員が高い意欲をもって、より質の高い教育実践を協力して推進できるようにすること、そのために教職員が絶えず新しい教授方法や教材開発に取り組むことができるような風土を醸成することが校長には期待されている。

したがって、豊富な教職経験に裏打ちされた教授・学習内容の深い理解や知識は必要であるが、「部下の仕事を奪うな」という言葉がビジネスの世界にあるように、それによって部下の仕事も意欲も奪うようであっては困る。職員のモチベーションを管理することこそ管理職の仕事だからである。最近は小中連携など人事交流も盛んになっており、中学校籍の小学校長やその反対も増えている。公務員や民間出身の校長も少なからず存在する。教職経験が少々足りなくても、それを補えるだけの想像力や最前線に立つ教職員をリスペクトできるバランス感覚の方が管理職には求められよ

う。組織体制づくりと風土醸成という一見地味な仕事が腕の見せ所なのである。

6 人材育成こそ校長の役割（基準Ⅲ）

　管理職研修の講演依頼で現場が抱えているテーマの変遷を読み解くことができる。危機管理は相変わらずニーズが高いが、学校評価や人事考課など評価関係は一時期のブームも去った感がある。これに対し、最近依頼がとりわけ増えてきたテーマが人材育成である。

　筆者が『次世代スクールリーダーの条件』と冠する著書を出版した関係もあるだろうが、ワイングラス型と呼ばれた教員の年齢構成ピラミッドがさらに変化し、ベテラン層と若年層のふたこぶ型年齢構成（ミドル層が手薄な状況）が次世代の人材育成に対する危機感や研修ニーズを掘り起こしている。また、教育センターへ研修に出す余裕がなく、ＯＪＴと称して校内研修を重視する傾向もこれに拍車をかけている。学校管理職の仕事として人材育成はその重要度を増している。

　さて、校長の専門職基準の第Ⅲ基準は「教職員の職能開発を支える協力体制と風土づくり」であり、ここでいう「職能開発」は人材育成に近い意味で使用している。具体的には「すべての教職員が協力しながら自らの教育実践を省察し、職能成長を続けることを支援するための体勢づくりと風土醸成」を校長に期待しており、所属職員の「職能」即ち職務能力の成長を間接支援することが期待されている。ただ第Ⅱ基準のカリキュラム開発に比べ、この人材育成はもっと積極的に直接的な支援も期待されていくものと見受けられる。

　そのために管理職の資質力量として要請されることは所属教職員をよく「みる」ことである。専門職基準の下位項目の２番では「教職員一人ひとりのキャリア、職務能力を的確に把握し、各自の課題意識や将来展望等について十分に理解し、支援する」と書かれている。人事考課における面接もその機会の一つであろうが、日常的にこうした面を把握できるようにアンテナを立てておくことが重要である。

　管理職が管理すべきは部下のモチベーションだと前に述べた。学校管理職の場合、向き合うべき相手は子どもではなく、教職員である。教職員一人びとりが自身の能力を発揮しながら子どもたちと向き合い、職場で自身も成長し、充実感を実感できているか、そのために勤務校の組織文化が協働、信頼、公正、公平といった空気で満たされているかを経営診断してほしい。改革がもてはやされた変革の時期と異なり、現在は安心・安定して仕事に向き合える環境づくりこそが管理職の務めなのである。

7　諸資源の効果的活用と危機管理（基準Ⅳ）

　「想定外」という言葉が東日本大震災の後に頻繁に使用されたが、「まさか」を想定しておくことは管理職の仕事の最もプリミティブなものである。有事の対応（クライシスマネジメント）は管理職の出番であるが、平時には危機に陥らないような未然防止（リスクマネジメント）が求められる。

　もっとも、程度の差こそあれ教育現場には様々な問題が同時多発しており、これを回避することは困難である。重要なことは危機をゼロにするのではなく、管理下におくことである（例えば、いじめをゼロにする前に、報告漏れをゼロにする等）。管理職に危機に対する哲学がないと、「あってはならない」呪縛に陥り、組織構成員に高いコストでリスク回避を求め、構成員は小さな綻びに目をつぶり、それを見逃す危機的な組織を構築してしまいかねない。よい学校とは「課題のない学校」ではなく、「課題を共有している学校」であるはずなのに、現場に課題が生じることは不可避であること、その責任は個人に帰さないことの２点から出発できていないケースが多い。

　管理職の立場からすれば、危機をゼロにしたくなるのも無理はないが、危機管理はやりすぎれば失うものも大きいトレードオフ（取引関係）にあるとされる。教育活動も「虎穴に入らずんば…」の故事のようにリスクを覚悟しないと、それなりの成果（リターン）を期待できない。また、最悪の事態を想定して「保険」をかけすぎるとその分だけ、失うものも大きい。組織が有している資源は限られており、それを危機予防に費やすと肝心の教育活動に使える資源は減ってしまう。

　組織の要素＝３Ｍ条件とよばれるヒト（man）・モノ（material）・カネ（money）のいずれも学校に十分に備わっているとは言い難い。したがって限られた資源を効果的に活用することは管理職の重要な役割となる。より少ない資源投入で同じ成果を挙げたり、同じコストでより大きな成果を挙げたりするなど、費用効果の観点から最適化を図ることが求められている。また、内部が保有する資源は有限であることから、外部から資源を調達するような人的関係資本、ネットワークを持つことも管理職の力量の一つであるといわれる。

　「校長の専門職基準」の第Ⅳ基準は、「危機管理」の重要性に鑑み、2012年修正版より、「諸資源の効果的な活用と危機管理」とした。限られた資源の効果的な活用の観点が危機管理にも求められているのである。

8　家庭・地域との連携（基準Ⅴ）

　いまでこそ学生や保護者、地域住民が学校にさまざまなボランティアとして入ることは珍しくなくなったが、わりと最近までその敷居が高かったように思われる。「（保護者や地域に）信頼される学校づくり」を標榜しながらも、学校側は保護者や地域を必ずしも信頼していなかった節もみられる。長らく地域社会から閉じられた形で存在してきた学校を改革するスローガンとしての「開かれた学校」づくりは殺し文句としては機能するものの、必ずしも現場にとってはストレートに理解して受容できるものではなかった。

　ちょうど世紀が変わる頃から学校で教えるべき知が「一匹の魚を与えるより一本の釣竿を与える」教育へと転換が図られるようになった。教室を開いて教師自身も知らないことをGTから、そして街にでて地域から学ぶことが求められるようになった。

　都市化により低下したといわれる地域の繋がりを再生する中核として学校に新たな期待が寄せられるようになった時期（コミュニティスクール論の台頭）もこの頃である。従前は学校単独で自己完結できていた教育課題も輻輳化して解決困難となり、家庭や地域と好循環を構築する必要が高まっている。スクールカウンセラーからスクールソーシャルワーカーへの期待や需要の移行はその証左であろう。

　学校はそのガバナンス（統治）にあたり、評議員や運営協議会委員、関係者評価委員から正統性が附与され、保護者や地域住民から一定の信頼がなされて初めて教育活動を営むことができる。こうした至極当然のことに気づくようになるまでに随分と時間を要した。

　かつての教育権論争の「国民の教育権」のように保護者が教育専門家としての教師に無条件に信託するということは考えにくく、眼の前の対峙する敵として学校や教師はえてして批判の対象になりやすい。

　そうしたなかにあって、学校管理職は丁寧に説明を重ね（アカウンタビリティ）、保護者や地域住民に理解者、支援者になってもらう必要がある。単なる資源提供者として活用するのではなく、「自分の学校に寄せる関心・期待の内容を把握し」（下位項目3）「尊敬と公正の意識をもって適切な関係づくりを行う」（下位項目5）ことが期待されている。

　殺し文句は嫌でも「学校は開かれなければならない」と思考停止を促しがちだが、腹の底から「開く」意義を噛みしめる必要があろう。

9　倫理規範・リーダーシップ（基準Ⅵ）

　校長が自律した専門職であるとするならば、自ら倫理規範をもつべきであろう。リーバーマンは、教職の「知的専門職性の特質と意義」について8点述べている。その最後に登場するのが「8．倫理綱領を持っている。それは、具体的な事例に即し、あいまいかつ疑問のある点を、明瞭にしているし、きちんと解釈もしている」である。

　日教組も1952年に「教師の倫理綱領」を制定している。当時の時代背景として、単独講和・再軍備に対抗して平和と民主主義の教育を創造するために、日本におけるあるべき教師像を「倫理綱領」（10項目）として確立する必要があった（『日教組20年史』）。またこの「倫理綱領」は教師の聖職意識を払拭して労働者性の確立をめざしたものでもあり、そのことは結果、多くの批判を浴びることとなり、今ではその存在を知る者も少ないだろう。

　これに対し、2012年暮れの衆議院では、自由民主党は「教育公務員倫理規程」を制定して、教員の服務規律を確立することを選挙公約に掲げている。これに引き続き、教育公務員特例法を改正し、教員の違法な政治活動を取締まるとあることからも伺えるように、この「倫理規程」は専門職として具備すべき倫理綱領とは程遠いものである。

　「校長の専門職基準」の第Ⅵ基準では「校長は、学校の最高責任者として職業倫理の模範を示すとともに、教育の豊かな経験に裏付けられた高い見識をもってリーダーシップを発揮する」と書かれてある。法令順守（コンプライアンス）の高い意識を自らがもつことは勿論であるが、高い使命感と誠実、公正、公平の意識をもって職務にあたること、多様な価値観、思想、文化などの存在を認めることができること、職務上の自らの言動や行為のありようを絶えず省察することを通じて自己の職能成長に努めること、さらには「自らの豊かな教育経験と広い視野に基づいて、児童生徒の最善の利益を優先しながら、校長自身の意思をあらゆる立場の人に対して説得力をもって明確に伝える」ことが下位項目では描かれている。

　制度的な権威主義で人を動かすのでなく、校長自身から醸し出される権威により人が動くようなリーダーシップが求められている。専門職として、倫理綱領はもとより、「校長の専門職基準」の類は学会主導でも政府や行政主導でもなく、本来は職能団体としての校長会などで自律的・自発的に作成すべきものだろう。

10　社会にアンテナを張ろう（基準Ⅶ）

　「校長の専門職基準」の最後7番目の基準は「学校をとりまく社会的・文化的要因の理解」である。第Ⅵ基準「倫理規範とリーダーシップ」とともに、これは校長の職務遂行の具体的な領域というよりは資質・力量の根幹に位置づくものとされる。したがって、研修などによって力量を高めることの難しい領域の一つであろう。

　具体には下位項目で以下のように挙げられている。（1）国内外の社会・経済・政治・文化的動向に対する十分な理解に基づいて、現代の学校教育のあり方についての自分自身の考えを表現できる。（2）日本の公教育システム全体について十分に理解し、日本国憲法、教育基本法等の関係法令等に基づいて自校の教育のあり方を考えることができる。（3）自校が存在する地方自治体の社会・経済・政治・文化的状況を十分に理解し、それらを学校のビジョン形成に生かすことができる。（4）国内外の教育思想・考え方について理解し内面化すると共に、それらを参照しながら、自校の教育のあり方を考えることができる。

　先行き不透明な時期が続いており、我々を取巻く環境の変化を予想することはきわめて難しい。改革は何をめざし、教育はそして学校は子どもたちをいったいどこへ連れて行こうとしているのか。憲法や教育基本法のような理念法は羅針盤のように自身の立ち位置を示してくれる一助となる。

　また、公立学校の設置者である地方自治体を取巻く環境も厳しい。とりわけ3・11以後、地域社会の紐帯（ソーシャル・ネットワーク）が要請されるなか、学校が社会資本として「まちづくり」の中核を担うことが一層期待されるようになった。管理職の役割もそうした地域との関わりが大きくなっており、それは名刺も持ちあわせないような教員時代から培っておくべき感覚である。民間でさえ社員にボランティアや地域貢献を奨励するようになった時代、教師が学校の中の世界しか知らないというわけにはいかなくなっている。

　教育問題でさえ、現場にいれば「みえる」というものではない。先人達の教育思想にふれ、多くの知識や知恵に接し、自身の経験が絶対的なものでないことを自覚することが大切である。教育関係の雑誌や新聞を通読するだけでも、多くの取組みやアイディアが満載されており、とっつきにくい学術誌や専門書と格闘することで、複眼的なまなざしを獲得する機会となる。専門職としてのスクールリーダーには常にアンテナを張って自己啓発を期待したいものである。

（九州大学　元兼　正浩）

付記:なお、本稿は日本教育新聞(2013年)の誌上連載を加筆修正したものである。

あらゆる児童生徒のための教育活動の質的改善

教育活動の組織化をリードする

I 学校の共有ビジョンの形成と具現化

II 教育活動の質を高めるための協力体制と風土づくり

III 教職員の職能開発を支える協力体制と風土づくり

IV 諸資源の効果的な活用と危機管理

V 家庭・地域社会との協働・連携

VI 倫理規範とリーダーシップ

VII 学校をとりまく社会的・文化的要因の理解

I に対する項目:
1) 情報の収集と現状の把握
2) 校長としての学校のビジョン形成
3) 関係者を巻き込んだ共有ビジョン形成
4) 共有ビジョンの実現
5) 共有ビジョンの検証と見直し

II に対する項目:
1) 児童生徒の成長・発達への責任
2) ビジョンを具現化するカリキュラム開発
3) 児童生徒の学習意欲を高める環境
4) 教職員の意欲向上にもとづく教育実践
5) 教職員が能力向上に取り組む風土

III に対する項目:
1) 教職員の職能成長の重要性自覚
2) 各教職員の理解と支援
3) ビジョン実現のための教職員のリード
4) 相互交流と省察を促す集団形成
5) 教職員間の風土醸成

IV に対する項目:
1) 教育活動の質的向上を図る実態把握
2) ビジョン実現に必要な資源把握と調達
3) PDCAサイクルに基づく活動のリード
4) 危機管理体制のための諸活動リード

V に対する項目:
1) 協働・連携の必要性の理解
2) 環境の把握と理解
3) 学校に対する関心・期待の把握
4) ビジョン・実態の発信と協働・連携
5) 多様な人々・機関との適切な関係作り

VI に対する項目:
1) 学校の最高責任者としての職業倫理
2) 説得力をもった明確な意思の伝達
3) 多様性の尊重
4) 自己省察と職能成長
5) 法令順守

VII に対する項目:
1) 国内外の社会・経済・文化的動向を踏まえた学校教育
2) 憲法・教育基本法に基づく学校教育
3) 地方自治体の社会・経済・政治・文化的状況の理解
4) 教育思想についての深い理解

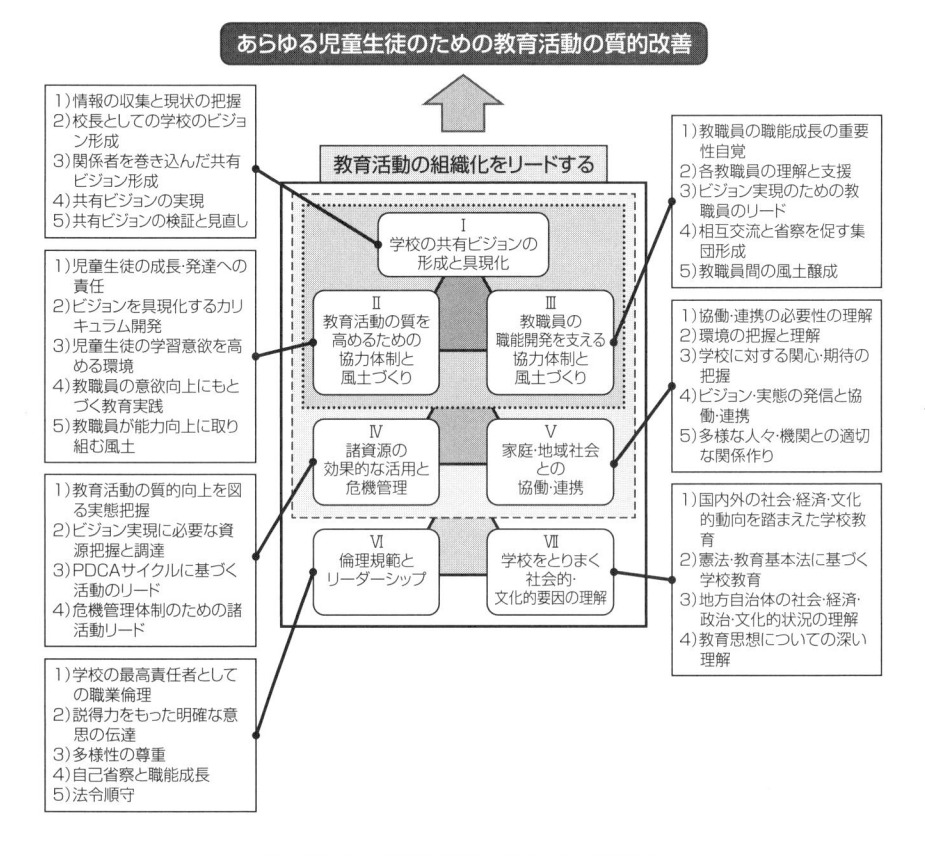

図　校長の専門職基準(2012年修正版)

3 ケースメソッドで何を学ぶのか

1 はじめに

　本論考部分では、"ケースメソッド"に関する先行研究を整理し、その効果や方法、課題について提示することを目的とする。要するに"ケースメソッドで何を学ぶのか"について概説することである。ケースメソッドの概要や実際の学習手順等は、本書の浅野氏の論考箇所を参照されたい。

　近年都市部では学校管理職層の退職者急増に伴い、次世代スクールリーダー候補者の確保・養成が急務となっており、校長研修や次代を担うスクールリーダー対象の研修等において、効果的に学校管理職としてのスキルや資質・力量を修得してもらう研修方法を開発する必要に迫られているといえる。

　次世代スクールリーダーにとって、「一般教諭からスクールリーダーへのトランジションに伴う矛盾や葛藤は、これまで形成してきた自らの教師像の再定義を迫るような危機（熊谷 2009）」ともなりうる。つまり、主任・主事といった役割の単純な延長上にスクールリーダーがあるわけではない。ゆえに、研修等において「再定義」に一定の指針を示すような基準ないしは規準の存在は有効であると考えられる（それは例えば「校長の専門職基準」等のような）。

　なおスクールリーダーは、「『個としての発達』と『かかわりの中での発達』を統合してこそ、彼らは個人として発達・熟達するし、ひいては学校という組織の発展にも寄与する（熊谷 2009）」とも指摘されている。「かかわりの中での発達」はその重要性が既に指摘されている（中原 2010）。したがって研修等では「かかわりの中での発達」を促す機会が積極的に提供される必要がある（波多江 2012）。またそういった研修を通じて、自校の外とのネットワークを構築することも可能となる。

　上記のような「かかわりの中での発達」機会を研修で提供する場合、様々な方法が存在する。次節以降ではその中でもケースメソッドに焦点を当て、説明をしていく。既にケースメソッド教育に取り組み、成果を上げた報告が存在し、一定の注目が集まっている（例えば、安藤 2009、赤井・柴本 2014、斉藤 2011、田村 2012、磯島 2013）。教育関係者の研修方法として着目され始めたケースメソッドについて、他の研修方法との差異やケースメソッドの特徴等、そして教育経営学研究の成果等と照らし合わせながら、その有用性について提示していく。

2　ケースメソッドの有用性

（1）ケース教材を構成する要素

　スクールリーダー養成の方法（主に研修内容や方法）については、これまでにも様々な議論がなされてきた。その方法の一つとして注目されているものに"ケースメソッド"がある。ケースメソッドは、「日々発生する様々な経営上の問題に対して有効に対処していくために、どのように思考して、解決策を創出していくか」について教育を行う方法として着目されている（百海 2002）。

　研修方法の中でケースメソッドとしばしば混同されやすいのが、"ケーススタディ"である。ケーススタディには仮説検証を行うといった研究目的があり、ケースメソッドには経営事項の学習といった教育目的があるといった区分がある（百海 2009）。また端的に、「読み終わった後に、『なるほどそうなっているのか』と感じるのがケーススタディの教材、『これは困った、何とかしなくては』と感じるのがケースメソッドの教材」と区分する見解も存在する（髙木・竹内 2006）。どちらもケースを使用するが、設問・観点を工夫する等して、区別を持たせている場合が多い（岡部 2014）。

　ケースメソッドの教材で盛り込まれる「情報」は、大別して①「問題」、②「意思決定」、③「評価」、④「ルール」の４つがあり、これら４つの分析課題がケース内で繰り返し出現する（ウィリアム・エレット 2010）。これらはそれぞれ次のように説明されている。①「問題」とは、重大な結果、業績に関連した状況で、その結果や業績に対する明確な説明がつかない状況を指す。②「意思決定」は、「意思決定の選択肢」・「意思決定の基準」・「関連する証拠」といった情報が記載されている。ただし、情報が明示されていなかったり、情報量が不十分であったりする場合もある。③「評価」とは、業績・行動・結果についての価値・重要性・効果を判断して述べたものである。④「ルール」はそのままの意味で、その分析に際して、「ある状況下で必要な情報の種類」・「その情報を入手する適切なルール」・「そのルールを適用する正しい方法」・「ルールを実行するのに必要なデータ」といった点に注意を払わねばならない。

　これら４つの要素を含有するケース教材を用いて、どういったことを学習者に学んでもらうのか。これは論者によって様々であるが、例えば経営学の授業でケースを用いる目的は次のように述べられている。すなわち、「A：ある概念について、具体的なイメージを形成させる」・「B：問題点を発見させる」・「C：原理・原則を理解させ

る」・「D：原理・原則を適用する」・「E：問題を解決するためのアプローチ（考え方や技法）を訓練する」・「F：メンバー同士で多様な意見や討論を通して、視野を広げる」・「G：意見交換を通して、自分の行動に気づかせる」・「H：ある事柄についての教訓を得させる」といったもので、ケースメソッドではこれらの教育効果が期待できると捉えられている（百海 2000）。

(2)「意思決定」の重要性

　先述のような期待できる学習効果の中でも、ケースメソッドの有効活用について積極的に検討が試みられている「経営教育」の分野では、殊に②「意思決定」の要素が重要視されている。経営者は意思決定時に「主体的な実践性」を発揮するが、そういった力量の訓練は「スクールリーダーなど教育機関における経営に携わる高度専門職業人を養成する課程における教育内容としても重要（佐野 2003）」と考えられている。日本においては、「企業（とくに大企業）に『雇用されて働く人びと』の育成に力点がおかれすぎて、『経営する』とか『経営を行う』という考え方をもつ人間を育ててこなかったのではないか」と回顧されている（齊藤 2004）。経営者の経営能力育成にとっては「専門的知識の獲得も重要ではあるが、それにも増して重要な力が意思決定力であり、その力を身につけていくことが経営能力育成の中核となる」と捉えられている（髙木・加藤 2003）。これからのスクールリーダーにも、「経営者的発想に立ち、変化する情勢下での経営者としての対処の仕方を意思決定できること、またそのために複雑な状況を正しく事実認識して柔軟に思考し、自らの意思を明確に主張することを挙げること」こそが重要とされる（佐野 2003）。それを訓練する教育方法論としてケースメソッドが注目されている。

　経営者の意思決定には、「論理的意思決定」の側面と、説明や共有が困難な「非論理的意思決定」の側面があり、その双方の（能力の）向上が必要であるとされている（中村 2005）。例えばケース教材中で描写される「"魔がさした"としか思えないような経営者の『意思決定ミス』も彼がいままでに行ってきたいくつかの意思決定の中の一つとして捉えられるべき」であり、「ケースを読み解くことによって経営者の意思決定ミスも彼の主観的な意味形成プロセスに裏打ちされた必然の影が浮かび上がってくる」（辻村 2002）。スクールリーダー養成でケースメソッドを導入した場合にも、このような「意思決定ミス」とも受け取れるケースを扱う。そういった場合に、「私だったらこのような事はしない」と初見から決めつけることなく、「なぜそのような意思

決定をしてしまったのか」・「そういった場面を打開するにはどうしていったらいいのか」について、判断を迫られているものと想定し考えていってもらいたい。

(3) 意思決定を行う上で重要なこと

　これからのスクールリーダーにとっては、数ある力量の中でも特に意思決定を行っていける力量が求められることを論じた。では、意思決定を行う上で（行うために）、スクールリーダーはどういったことを理解しておく必要があるのだろうか。

　経営学の知見を参照するに、スクールリーダーを含む管理職等には、「事業や経営には多くの要素が関連しているが、そのメカニズムを理解するとともに、先行きに関し自分なりに洞察すること（亀井 2005）」が求められているようである（内田・坂上・酒井・鷹丸 2013）。状況依存的に左右される意思決定場面の中で、その場の状況に応じた意思決定を経営者は求められる。変化する状況についての情報を広範に得てシステム全体を把握する中で、経営者の最終的な決断を後押しするものは、独自の経営観、つまりは「個人的に獲得される力（独自の経営観／個別論／持論（加護野 1988））」である。ケースメソッド教育は、そういった個々人の経営観に基づいた多様な「意思決定（プロセスを含む）」を受講者が相互に出し合い、論理的に互いの決断を比較考察し、学習者相互が学び合う研修方法となる可能性を有している（波多江 2010）。

　実際にケースメソッドを通して上記の効果を期待できるかについて、教員志望の大学生を対象にケースメソッド教育を実施した研究結果が存在する（赤井・生田・赤沢・柴本 2013）。上記研究の中では、まず「個人の判断および解決策の記述」が実施され、「グループ討議による交流」へ至る。その中には更なる問題点を派生させる可能性を有した回答や、抽象的な解決策も含まれる。その段階から、「ファシリテータを加えての全体討議」を経ることで、派生した問題点への解決策まで包括して提示されるようになる。また討議の過程で、全体をどのように把握してそれぞれの意思決定に至ったかの理由（＝個々人の経営観が反映されたもの）が語られる。そういった経緯がデータにより示されている。つまり、ケースメソッドでの受講者間討議を通じて、「①問題を考察する上での複数視点の獲得」・「②多様な意思決定結果」・「③個々人の決定を後押ししたそれぞれの経営観の自覚」がケースメソッドで訓練される可能性が示唆される。

　勿論上記は、ファシリテータの研修運用が上手くいってこその効果であるが、そう

いった場を形成する点で、ケースメソッドはメリットがあるといえる。

3 ケースメソッドの展開可能性

前節までで、スクールリーダーを含む管理者・経営者にとって全体を把握・理解した上で、自身の経営観に基づいた意思決定を行っていくことが求められるという点を示してきた。ケースメソッドは多様な価値観から派生する様々な意思決定を討議し、深めていく場として機能しうる可能性を提示した。以下では、教育経営学研究における知見や課題を踏まえながら、ケースメソッドの展開可能性を試みに論じてみたい。

(1) 教育経営研究から見たケースメソッド

一組織体である学校組織において、学校組織をどのように捉えるか、また学校組織の中で何が起こっているのかに関して研究がなされてきた。特に近年では自主的・自律的な学校経営確立の動きとも関わって、学校の内発的な変革能力や改善能力を構築するプロセスへの関心が一層高まっているとされる（織田 2012）。

プロセスの解明に関して、教育経営学においては要因間の因果関係の発見・解明が重視され（住岡 2000）、経営形態のワン・ベストモデルが志向される向きがある。この場合、相関関係や因果関係がなさそうな要素は捨象され、またそうせざるを得ない。こういった場合に、例えばケーススタディに限定した研修方法では、結局のところ画一的な単一解に帰着する恐れがあり、実際それが目指される。自校の実態を踏まえ、状況に応じた意思決定ができるようになるためには、訓練段階で複数の意思決定結果（選択肢）が提示されることが重要である。システム全体を把握・理解するというのは、「利害関係者を考慮した複眼的な視点で、問題の存在に『気づく』能力（山本・吉川・折田・小川 2011）」ともつながるが、単一解を志向するやり方では複数の選択肢を余剰のものとして切り捨ててしまう恐れがある。これからの学校にとって重要なことは、「後からでも客観的な説明ができるようにしておくこと」が重要とされるが（高木 2010）、スクールリーダーにとって余剰の情報をも含み込んでのプロセス・過程の理解が重要となるのである。

また、実際の学校における生活事項の基準設定場面や会議での意思決定場面に関する研究成果を参照すると（鈴木 2012、岩本 2010）、うまくいかなかった場合のリスクを考えて自分の意見を言えなかったり、違和感を抱いても反論できそうにない理屈を持ち出され意見が言えなくなったりする事態がうかがえる。そういった場合に、

いざ自分自身で経営事項の判断（意思決定）を行わなければいけない場面に遭遇した際、判断ができるのだろうか。仮想の事例であっても、そういった思考訓練の機会は重要ではないだろうか。

　ケースメソッドを用いた教育を工夫・応用すれば、課題の解決を行うべく洞察に基づいた対応策を、他者に対して論理的・説得的に提示する訓練を実施することができる。勿論ケースメソッド教育の限界を無視して、この方法を絶対視するわけではない。

（2）ケースメソッドの展開可能性
　ケースメソッドでは参加者それぞれから様々な意思決定結果（問題の解決策）の提案がなされ、全体で意見が吟味される。ケーススタディ等の場合、参加者の意識が単一解へと収斂していく可能性が高い。一方のケースメソッドでは、分岐点が意図して設定されていることがあり、分岐点における選択は相互に排他されるものではない。したがって、ケースの討議で生じる意見が捨象されずに残る部分が多く、比較的自由な発想で取り組むことを可能にする。ゆえに所々で「もし〜という場合だったら、どうするか？」という問いがファシリテータから提示されれば、そちらも合わせて考えていく場合もある。また、優良なケースであるほど、分岐点においてどのような選択をしてもその先に更なる問題点が待ち構えており、その都度判断を迫られる状態や、複数の意思決定選択肢を比較考慮しなければならない状態（「舵を切り続けなければいけない」事態）を惹起させるものとなっている。

　以上をまとめれば、「かかわりの中での発達」機会としてケースメソッドは有効に展開していく可能性が存在し、ケースの討議を通して、受講者が多様な意思決定の選択肢とそれを包括的に考えることができる力量を獲得する機会となりうるものといえよう。

4　おわりに

　本論考部分では、"ケースメソッドで何を学ぶのか"について概説した。無論、ケースメソッド教育のみで、スクールリーダーの経営能力の全てを養成していくというつもりはない。ケーススタディ、ロールプレイ、理論講釈、グループワーク等、様々な手法を援用しつつ、研修を進めていけばいいだろう。特定の方法論に固執しては、スクールリーダーに求められる広範な能力の養成はできない。それぞれの教育方法の有用性と限界を認識しつつ、適宜組み合わせて研修効果を高めていくことが肝要である。

本論考部分では、ケースメソッドという方法論の展開可能性について提示したが、既に先行研究でも指摘されているように、実は運用そのものも容易というわけではない（竹内 2013）。ファシリテータの力量や、ケースそのものの質によっても研修の成果は影響される。今後の課題である。

　本書の続くケースの実施報告部分にて、ケースに切り込む多様な視点の存在を読者に実感していただき、実際の意思決定時に資する面があれば幸いである。

【参考文献】
赤井悟、生田周二、赤沢早人、柴本枝美「ケースメソッドによる教師力の育成」『奈良教育大学紀要（人文・社会科学）』第62巻第1号、2013年、pp.219-232。
赤井悟・柴本枝美［著］、奈良教育大学次世代教員養成センター課題探究教育部門教師力サポートオフィス［監修］『教師力を鍛えるケースメソッド123－学校現場で生じる事例とその対応』ミネルヴァ書房、2014年。
安藤輝次［編著］『学校ケースメソッドで参加・体験型の教員研修』図書文化社、2009年。
磯島秀樹「教職課程におけるケースメソッド学習の実践事例」『甲子園短期大学紀要』第31巻、2013年、pp.75-83。
岩本茂樹『先生のホンネ－評価、生活・受験指導』光文社新書（486）、2010年。
ウィリアム・エレット［著］、斎藤聖美［訳］『入門　ケース・メソッド学習法』ダイヤモンド社、2010年。
内田吉宣、坂上慶子、酒井俊永、鷹丸明仁「マネジメントにおける実践的知恵養成のためのケースメソッド」『プロジェクトマネジメント学会誌』第15巻第2号、2013年、pp.9-13。
岡部幸徳『よくわかる経営倫理・ＣＳＲのケースメソッド－エシックストレーニングのすすめ』白桃書房、2014年。
織田泰幸「我が国の学校組織研究のレビュー」『日本教育経営学会紀要』第54号、第一法規、2012年、pp.188-197。
加護野忠男『組織認識論』千倉書房、1988年。
亀井敏郎『「経営職」を育成する技術－次世代リーダーはこうしてつくる』株式会社ファーストブレイク、2005年。
熊谷愼之輔「成人学習論とスクールリーダーの職能発達」淵上克義・佐藤博志・北神正行・熊谷愼之輔［編著］『スクールリーダーの原点－学校組織を活かす教師の力』金子書房、2009年。
齊藤毅憲「1　経営学をいかに考えるか（企業経営のフロンティア）」『経営教育研究』7号、2004年、pp.1-16。
斉藤ふくみ「養護教諭養成課程学生の養護実践場面に関する討論授業の効果－ケース・メソッド授業を通して」『茨城大学教育学部紀要. 教育科学』（60）、2011年、pp.143-151。
佐野享子「大学院における高度専門職業人養成のための経営教育の授業法に関する実証的研

究－ケース・メソッド授業がめざす経営能力の育成とその方法に焦点を当てて」『大学研究』26号、2003年、pp.93-116。
鈴木雅博「生活指導事項の構築過程における教師間相互行為－日常言語的な資源としてのレトリックに着目して」『教育社会学研究』第90巻第0号、2012年、pp.145-167。
住岡敏弘「経営過程論」日本教育学会［編］『教育経営研究の理論と軌跡』（シリーズ教育の経営5）玉川大学出版部、2000年。
髙木晴夫、加藤尚子「経営能力の育成に向けて－ケースメソッドの果たす役割とその教育方法（経営情報フォーラム）」『経営情報学会誌』12巻1号、2003年、pp.79-84。
髙木晴夫・竹内伸一『実践！日本型ケースメソッド教育』ダイヤモンド社、2006年。
高木亮「学校の責任と権限」小泉令三［編著］『よくわかる 生徒指導・キャリア教育』ミネルヴァ書房、2010年。
竹内伸一「ケースメソッド教育の実践を支える組織的サポートに関する研究－ハーバード・ビジネス・スクールと慶應義塾大学ビジネス・スクールの事例から」『広島大学大学院教育学研究科紀要．第三部，教育人間科学関連領域』第62巻、2013年、pp.69-78。
田村修一「ケースメソッドが教職志望者の『チーム援助志向性』に及ぼす効果」『北里大学一般教育紀要』第17巻、2012年、pp.133-149。
辻村宏和「1 経営技能の特性を前提としたケース・メソッド－『共感的学習法』にみる客観に対する主観の優位性」『経営教育研究』第5号、2002年、pp.1-16。
中原淳『職場学習論－仕事の学びを科学する』東京大学出版会、2010年。
中村秋生「経営技能の育成とケース・メソッド」『共栄大学経営論集』第3巻、2005年、pp.17-36。
波多江俊介「スクールリーダー養成研修の考察－ケースメソッドの展開可能性」『教育経営学研究紀要』第13巻、2010年、pp.47-55。
波多江俊介「スクールリーダー研修開発について－『校長の専門職基準』を手がかりとして」『九州情報大学研究論集』第14巻、2012年、pp.113-120。
百海正一「経営学における教授法の改善－ケース・メソッド教育を中心に」『商経論叢』36巻2号、2000年、pp.51-111（72-132）。
百海正一「ケース・メソッド教育」『商経論叢』38巻1号、2002年、pp.71-111。
百海正一『ケースメソッドによる学習』学文社、2009年。
山本秀男、吉川厚、折田明子、小川美香子「プログラムマネジャー向けアドバンスト・ケース教材の開発」『国際プロジェクト・プログラムマネジメント学会誌』第5巻第2号、2011年、pp.89-101。

（熊本学園大学　波多江　俊介）

4 「校長の専門職基準」を読み解くキーワード

はじめに

　本基準は校長に対し、「教育活動の組織化のリード」を通じた「あらゆる児童生徒のための教育活動の質的改善」を期待する。そして基準Ⅰ～Ⅶは、上記「教育活動の組織化のリード」において求められる力量内容を示したものである。

　本節以降続く第2部、第3部では、上記性格を持つ「校長の専門職基準」に準拠し作成した21個のケースメソッドが展開される。このケースメソッドを有効に活用するためには、校長に求められる力量内容（各基準）の理解が欠かせない。そこで本節では、各基準を読み解き、以降のケースメソッドを活用する上での手助けとなる10のキーワードを概観する。

1　共有ビジョン

　様々な制度改革が行われ学校教育の転換期にある現在、校長には「学校組織が内的環境と外部環境に対して適応していける（中略）新しい価値」（河野 2005：18）としての「共有ビジョン」の創造が求められている。

　まず本基準では、「ビジョン」を「目指すべき将来像であり、近い将来に実現すべき価値」（日本教育経営学会第1期実践推進委員会 2009：8）として定義している。すなわちビジョンは、「理念」として掲げられた校訓・校是（例えば「かしこく、やさしく、たくましく」等）とは異なり、具体的な「旅の目的地」が明示されたものといえる。

　また、「共有ビジョン」は校長の信念（＝個人ビジョン、持論、モットー）とも異なる。子どもを「旅の目的地」へと誘うためには、日々子どもとかかわる教師や保護者、地域住民等の協力が欠かせない。そのため、校長は自身の信念を周囲へ押し付けるのではなく、自校の現状を踏まえ形成したビジョンを周囲と「共有」することが求められる（Senge 2012）。本基準が周囲とのビジョン「共有」必要性を強調する意味はここにある。

　混迷極める現代において、自校の目指す目的地として形成された共有ビジョンは、教育に携わる人びとが自身の位置を確かめ、実践に向かう原動力となる。それゆえ校長は、学校組織に内在する校内研修等の「装置」を活用し、共有ビジョン形成に取り

組まねばならない（浜田 2007）。

2　カリキュラムマネジメント

　統一の見解が成されていない「カリキュラムマネジメント」（吉冨 2011）に対する本基準の認識を示すうえでまず、「カリキュラム」と「教育課程」の異同を確認したい。

　「教育課程」は一般的に、学習指導要領に基づき各学校で作成される「目的的、組織的、計画的に提供される教育内容」（岡東・林・曽余田 2000：155）として定義される。これに対し「カリキュラム」は、上記教育課程に「教育者の目標や意図とは関わりなく、潜在的に子どもたちを方向付ける（中略）潜在的カリキュラム」（同：156）をも含んだ、「学習者が実際に経験している内容」（田中 2009：3）として捉える見解が一般的である。

　上記理解に立ち「教育課程経営」と「カリキュラムマネジメント」を比較すると、両者はその実施過程をPlan（計画）-Do（実施）-Check（評価）-Action（改善）の一連のサイクルで捉える点では共通するが、マネジメント対象とする範囲が異なることがわかる。すなわち、「教育課程経営」を拡張させ、自校の子どもが置かれる学校・家庭・地域・社会状況をも踏まえ、マネジメントを試みたものが「カリキュラムマネジメント」であるといえる。

　本基準は、「カリキュラム」及び「カリキュラムマネジメント」を上記のように捉えるとともに、校長に対しては、その活性化のリードという役割を期待する。

3　職能開発

　専門職（profession）である教師は自律的な成長が期待されることから、これまで学校経営では「職能成長」（professional growth）の用語が用いられてきた。この点が一般経営学における、意図的・戦略的な働きかけにより行われる「人材育成」（中原編著 2006）とは異なる。

　しかし「職能成長」は、「教師が学生から現職を通じて、専門的知識・技術を獲得する一連の過程」（小山 1981：43）との捉えからもわかるように、経験年数に応じて連続的に向上していくという意味合いが強い。もちろんその要素を否定することはできないが、共有ビジョン実現を目指すうえで必須となる教師の高い力量を保持するためには、教師の自律的な成長を促す意図的な働きかけを通じ、自校教師の職能「開発」に取り組む意識も持たねばならない。

例えば、共有ビジョン実現のためには、前出のカリキュラム作成が必要である。ここで重要な役割を担うのが子どもに日々かかわる教師であり、教師はカリキュラムマネジメントの主体であることが望ましい。しかし、カリキュラムマネジメントに求められる教師の高い力量は教職経験年数を経ることで「自然と」向上するわけではない。特に、ベテラン教員の大量退職が進む現在、若手教員やミドル教員の力量向上は喫緊の課題であり（小柳2013、畑中2013）、何らかの対処、すなわち「職能開発」が求められる。

この職能開発の手段としては、校長みずから「教師の教師」としてリーダーシップを発揮することも可能であるし、教師の力量向上に有益な組織風土（例えば校内研修等）を醸成するといった行動をとることもできる（木原2006）。また、教師へ「立場（役割）」を与え育てることも可能であろう。

いずれの方法が適切であるかは、自校の現状や教師個々の特徴により異なる。職能開発の手段に正解はない。

4　諸資源

人事異動や賃金等の決定権を持たない校長は、かねてより、組織の「現場監督者」に留まると考えられてきた（市川1966）。この認識は、自律的学校経営を志向した教育改革が進み、校長の権限が拡大するにつれ徐々に転換しつつあるが（笠井2010）、未だ組織の3要素であるヒト（man）・モノ（material）・カネ（money）が学校に十分に備わっているとは言い難い。

しかし、上記3要素を「無限」に供えた組織など存在しないだろう。たとえ大企業であっても、組織が持ちうるそれぞれの要素は「有限」である。重要なのは、学校組織にある資源の有限さを悲観するのではなく、「自校が必要とする資源は何か」を自覚し、それをいかにして発掘するかにある。学校を地域へ「開く」意義もここにある。

もちろん、資源はヒト・モノ・カネといった可視的なものに限らない。例えば、校長自身のこれまでのキャリアで培った人間関係から得られる「情報」や（川上2013）、自校の子ども、教師、保護者、地域住民等のネットワークからもたらされる「社会関係資本」（ソーシャル・キャピタル）が教育に与える効果も看過できない（露口2011）。また、学校内外における職務を効率的に進める上での「時間」も重要な資源である（元兼編集2012）。

以上のように考えると、実は学校も多様な「諸資源」を持ちうる組織であることに

気付く。校長には、自校が持ちうる「諸資源」を自覚・発掘し、そしてさらに、その「諸資源」を有効活用（management）することが求められる。

5 危機管理

「危機管理」には、その危機を確実に除去して危機の発生を未然に防ぐ「リスクマネジメント（事前の危機管理）」と、発生した危機に、適切かつ迅速に対処し、被害を最小限に抑え、再発を防止する「クライシスマネジメント（事後の危機管理）」の二つがある（文部科学省 2003）。

例えば「理科の実験」や「運動会の組体操」など、学校組織は教育効果を得るべく、敢えて「危機」（リスク）を引き受ける場である。このように、学校は日常的にリスクと対峙する組織であるため、教師一人ひとりは常に「想定外を想定する」姿勢が求められる。しかし、学校で生じる危機の引き金となりうるものは教育活動に限らず、天災、人災など多岐にわたり、すべての危機を把握することは困難である。そのため教師は、危機に直面した際の具体的行動も合わせて想定する必要がある（リスクマネジメント）。

そして実際に「危機」（クライシス）が生じた場合には、その被害を最小限に抑える行動をとらねばならない。さらに「危機に強い組織」となるべく、遭遇した危機を組織改革に利用して再発を防ぐ姿勢（高田 2003）や、危機を通じた職能開発を行う発想も必要である（クライシスマネジメント）。

上記からも分かるように、学校組織は一丸となり危機管理に取り組む必要がある。そのため校長は、平時・有事いずれにおいても、教師一人ひとりが主体的な行動をとるよう働きかけなければならない。もちろん、ひとたび危機が生じた際に意思決定が求められる校長自身が、高い危機管理意識を常備しておくことは論を俟たない。

6 地域

学校・家庭・地域社会一体で行う教育を目指し、学校評議員制度や学校運営協議会制度の導入、学校支援地域本部設置といった様々な制度改革がなされてきた（天笠編集・小松編著 2011）。現在も「地域とともにある学校づくり」というスローガンのもと、コミュニティ・スクールを手がかりに学校を「地域」へ開く取り組みが活発化している。しかし、断続的に行われる制度改革を無批判に受け取り、自校を「地域に開かねばならない」という「思考停止」に陥ってはいないだろうか。そもそも、学校

にとっての「地域」とはどこを指すのかについて、立ち止まり考えてほしい。

　例えば児童・生徒の通学区域から「地域」を考えるとしても、校種（小学校、中学校、高等学校等）や学校規模、学校が置かれる環境によりその範囲は様々である。また、学校と「地域」の架け橋となるキーパーソンの有無によっても、「地域」概念は異なるであろう。さらに、近年進む学校統廃合により、「地域」そのものが変化していることも看過できない。

　上述のように、「地域」は容易に定義することができない概念である。しかしだからこそ、柔軟に捉えることもできる。自校にとっての「地域」とは何かという答えのない問いに向き合い続けることは、すなわち、自校をどこへ「開く」のか、そしてどこへ「開くことができるのか」を主体的に考える契機となる。

7　協働

　「協働」とは一般的に、「共通の利害関心をもつ人びとが共通の目的のために機能的な協力をすること」と定義されている（上野 2012）。この「協働」を通じた学校の「教育組織化」は、教育に内在する目標や技術、対象等の不明瞭性・不確定性を除去・縮減する手段として近年注目されている（佐古 2011）。そして、本基準の観点から上記「協働」の定義を捉えるならば、「共通の目的」にあたるものが共有ビジョンであるといえ、子どもの教育に携わる人びととの「協働」は、共有ビジョン実現へ向けた重要な手段であることがわかる。

　しかし、度重なる制度改革や学校が置かれる内外環境の変化に起因し、多忙化・個業化が進む近年の学校組織において、そもそも「協働」自体が困難であることも事実である。そのため共有ビジョン実現の手段である「協働」が、「いかにして協働するか」という目的にすり替わるケースが多々見受けられる。また、「協働」がいかなる状態を指すのかという「質」を考慮することなく、「協働」はすべての問題を解決するという万能論化にも陥りがちである（波多江 2013）。

　自校の共有ビジョンを念頭に置き、何のために「協働」するのかについて、今一度立ち返る必要がある。無批判に「協働」を目指すに留まってはならない。

8　リーダーシップ

　校長のリーダーシップが教育効果に影響を及ぼすことは周知の通りであり、これまでに多くの研究蓄積もなされている。この多数存在する先行研究を整理すると、学校

組織におけるリーダーシップは以下の四つに分類することができる（露口2010）。

一つは、授業・教育技術の改善を目的とした「教育的リーダーシップ」である。二つは、フォロワーの価値や組織の秩序を変革する「変革的リーダーシップ」である。三つは、改革推進の主体を教師集団におき、教師が持つパワーを拡充することで教師による自発的な改善を促進する「エンパワーメント」である。四つは、トップ（校長）が唯一絶対のリーダーシップを発揮するのではなく、学校における複数のミドル（キーパーソン）がリーダーシップを発揮し、学校改善を図る「分散型リーダーシップ」である。（露口2008、2010）

共有ビジョンの形成・実現を図るうえで、校長のリーダーシップは欠かせない。しかし上述のように、リーダーシップといえどその内実は様々である。また、リーダーシップはリーダーとフォロワーの相互作用から成り立つことを踏まえると、校長には自校教師が持つリーダー像の把握も求められる（淵上2009）。すなわち校長は、共有ビジョン実現へ向け、自身が取りうるリーダーシップは何か、自校に適切なリーダーシップはどれかを思考し、その選択を図らなければならない。

9　多様性

近年の学校教育では、自律的学校経営を志向した改革を背景に、「特色ある学校づくり」といった新たな教育活動の展開が求められている。そして、その新たな教育活動を生み出すアイディアの源泉が「多様性」（ダイバシティ）である。

学校教育は管理職・教諭だけで担われるのではなく、常勤・非常勤講師や養護教諭、学校事務職員等の多様なチームにより行われている（藤原2014）。また、学校が「開かれる」につれ、保護者や地域住民、大学生など、多様な人々の学校へのアクセスも可能になりつつある。さらに、スクールカウンセラーやスクールソーシャルワーカー、児童相談所といった、専門職・機関との協働も重視されている。

上述した学校内外における人々・機関は、教育に対する様々な価値観を備えた存在である。これら多様な人々・機関との相互作用は、これまでにない発想やアイディアをもたらす可能性を秘めている（金井・高橋2004）。校長にはこの「多様性」を組織が持ちうる「諸資源」として位置付け、有効活用（management）（ダイバシティ・マネジメント）（谷口2005）することが求められる。

10 省察

　教職大学院の設置や教員免許更新制の導入など、「専門職としての教師」養成を志向した様々な改革がなされている。しかしそもそも、教師の「専門性」とは何を指し、どのように捉えることができるのであろうか。「省察」はこの問いを考察するうえでのキーワードである。

　教師は、例えば授業や生徒指導というように、刻一刻と変化する子どもとのかかわりの中で、逐次適切な対応を取らなければならない。それゆえ教師には、あらゆる場面での絶えざる思考が求められており、ドナルド・ショーンはこれを「省察」（＝行為の中の省察reflection in action）と呼んだ（Schön 1983）。この「省察」は、医師や弁護士といった「確立した知識体系」を持つ「専門職」（技術的熟達者）と教師を隔てる概念であり、教師を上記「メジャーな」専門職とは異なる「専門職」（反省的実践家）として位置づける（Schön 1983）。

　なお、上記からも分かるように、教師を「専門職」（反省的実践家）として位置づける「省察」は、教師自らが行う行為であり、他者から与えられるものではない。すなわち「省察」の意味を考察することは、近年、意図的に養成されようとしている「専門職」としての教師像を再考する契機ともなりうる（辻野 2012）。

おわりに

　ここまで、各基準を読み解くうえで押さえるべき10のキーワードを概観した。もちろん、「あらゆる児童生徒のための教育活動の質的改善」に到達するためには、より多くの概念理解が欠かせない。本節で触れることのできなかった概念については、本基準解説書（日本教育経営学会 第2期実践推進委員会 2012）も一読いただき、より理解を深めていただきたい。

　学校をめぐる環境が急速に変化する現在、校長には、「変えてはいけないもの」、「変えなければいけないもの」（不易と流行）を読み取り、適切な意思決定を行う力量が求められる。この意思決定を行ううえでは、学校教育の現状を多角的に捉えるトレーニングが必要であり、その意味で、学校を捉える多様な視点を提供する本書はその契機となりうる。

　本書が、読者の教育を捉える視点を磨き・鍛える1冊になれば幸いである。

参考文献

- 天笠茂編集代表・小松郁夫編著『「新しい公共」型学校づくり』（学校管理職の経営課題 これからのリーダーシップとマネジメント 第2巻）ぎょうせい。
- 市川昭午（1966）『現代教育の組織論的研究 学校管理運営の組織論』明治図書。
- 上野正道「コミュニティと教育—共同性／協働性／協同性は教育に何をもたらすのか？—」教育思想学会『近代教育フォーラム』第21号、pp.171-179。
- 岡東壽隆・林隆・曽余田浩史編集（2000）『学校経営 重要用語300の基礎知識』（重要用語300の基礎知識16巻）、明治図書。
- 小柳和喜雄（2013）「メンターを活用した若手支援の効果的な組織的取組の要素分析」奈良教育大学教育実践開発研究センター『教育実践開発研究センター研究紀要』第22号、pp.157-161。
- 笠井尚（2010）「学校経営と教育法」篠原清昭、笠井尚、生嶌亜樹子著『現代の教育法制』（講座 現代学校教育の高度化4）学文社、pp.81-97。
- 金井壽宏・髙橋潔（2004）『組織行動の考え方 ひとを活かし組織力を高める9つのキーコンセプト』東洋経済新報社。
- 川上泰彦（2013）『公立学校の教員人事システム』学術出版会。
- 木原俊行（2006）『教師が磨き合う「学校研究」』ぎょうせい。
- 河野和清（2005）「教育委員会の学校統括権能と学校経営者の役割転換」『日本教育経営学会紀要』第47号、pp.13-23。
- 小山悦司（1981）「教師のプロフェッショナル・グロースに関する研究〔II〕」『日本教育経営学会紀要』第23号、pp.43-58。
- 佐古秀一（2011）「学校の組織特性と学校づくりの組織論—学校の内発的改善力を高めるための学校組織開発の理論と実践—」佐古秀一・曽余田浩史・武井敦史著『学校づくりの組織論』（講座 現代学校教育の高度化12）学文社、pp.117-184。
- 高田朝子（2003）『危機管理のエフィカシー・マネジメント—「チーム効力感」が鍵を握る』慶應義塾大学出版会。
- 田中統治・根津朋実編著（2009）『カリキュラム評価入門』勁草書房。
- 谷口真美（2005）『ダイバシティ・マネジメント—多様性をいかす組織—』白桃書房。
- 辻野けんま（2012）「新たな教職専門性の確立と教師教育の創造」山崎準二・榊原禎宏・辻野けんま著『「考える教師」—省察、創造、実践する教師—』（講座 現代学校教育の高度化5）学文社、pp.138-152。
- 露口健司（2008）『学校組織のリーダーシップ』大学教育出版。
- 露口健司（2010）「スクールリーダーのリーダーシップ・アプローチ—変革・エンパワーメント・分散—」小島弘道・淵上克義・露口健司著『スクールリーダーシップ』（講座 現代学校教育の高度化7）学文社、pp.137-163。
- 露口健司（2011）「教育」稲葉陽二・大守隆・近藤克則・宮田加久子・矢野聡・吉野諒三編『ソーシャル・キャピタルのフロンティア—その到達点と可能性—』ミネルヴァ書房、pp.173-

196。
・中原淳編著、荒木淳子・北村士朗・長岡健・橋本諭著（2006）『企業内人材育成入門』ダイヤモンド社。
・波多江俊介（2013）「教員間における協働概念の検討─「きょうどう」論の分析を通じて─」『九州大学大学院教育学コース院生論文集 飛梅論集』第13号、pp.51-67。
・畑中大路（2013）「学校経営におけるミドル論の変遷─「期待される役割」に着目して─」『九州大学大学院教育学コース院生論文集 飛梅論集』第13号、pp.87-101。
・浜田博文（2007）『「学校の自律性」と校長の新たな役割』一藝社。
・藤原文雄（2014）「教職員の多様化とダイバーシティ・マネジメント─国際的動向も踏まえて─」『日本教育経営学会紀要』第56号、pp.24-34．
・淵上克義（2009）「スクールリーダーの心理と行動」淵上克義・佐藤博志・北神正行・熊谷愼之輔編『スクールリーダーの原点─学校組織を活かす教師の力』金子書房、pp.47-69。
・元兼正浩（2010）『次世代スクールリーダーの条件』ぎょうせい。
・元兼正浩編集（2012）『校長の仕事術─効率的に職務を進める知恵とコツ』教育開発研究所。
・吉冨芳正（2011）「授業改善につなげるカリキュラム・マネジメント」天笠茂編集代表・編著『学力を創るカリキュラム経営』（学校管理職の経営課題 これからのリーダーシップとマネジメント 第3巻）ぎょうせい、pp.65-85。
・Senge, P. et al.（2012）*Schools That Learn A Fifth Discipline Fieldbook for Educators, Parents, and Everyone Who Cares About Education*. CROWN BUSINESS.（リヒテルズ直子訳（2014）『学習する学校 子ども・教員・親・地域で未来の学びを創造する』英治出版。）
・Schön, D.（1983），*The Reflective Practitioner: How Professionals Think in Action*. Basic Books.（佐藤学・秋田喜代美訳（2001）『専門家の知恵 反省的実践家は行為しながら考える』ゆみる出版。）
・日本教育経営学会 第1期実践推進委員会（2009）『校長の専門職基準［2009年版］─求められる校長像とその力量─』。
（http://jasea.sakura.ne.jp/teigen/2009_senmonshokukijun_index.html）（最終確認 2014年6月12日）
・日本教育経営学会 第2期実践推進委員会（2012）『「校長の専門職基準（2009年版・一部修正）」解説書─理論から実践へ─』（http://jasea.sakura.ne.jp/teigen/2012_senmonshokukijun_index.html）（最終確認 2014年6月12日）
・文部科学省（2003）『学校の安全管理に関する取組事例集 学校への不審者侵入時の危機管理を中心に』。

（山口東京理科大学　畑中　大路）

5　ケース教材を用いた研修会運営の実際

1　話合い活動や協議とは似て非なるケースメソッド

　本書には様々なケース教材が収録されている。しかし、これらの教材に個人で取り組むだけでは単なる事例研究に終わってしまう。グループ討議・全体討議での意見のぶつかりあいの中でこそ、ケースメソッドは真価を発揮するのであり、これを効果的にする環境（物的環境と適切なディスカッションリード、規範の共有）が必要である。

　このような環境づくりに関するノウハウは実践の中から「暗黙知」として学び取られる面も多く、一朝一夕に身につくものではない。これを限られた時間の中でいかに伝え、実践するかは大きな課題である。

　教員や指導主事は、日ごろから授業や教員研修を通して協議や「話合い」活動になじんでおり、指導者としても参加者としてもこれらの実践に長けていると思われる。しかし、逆にそのような教員の日常をベースにケースメソッドを理解すると、それに付随する各種の規範（たとえば、「グループで結論を出さなければならない」、「板書は楷書で、構造化しなければならない」など）までも引き継がれてしまい、ケースメソッドが前提としている「勇気・礼節・寛容」の集団討議を円滑に進めるうえでの阻害要因となりかねない。

　ディスカッションリードのテクニックは他の文献に譲るが、日頃実践する協議と異なるルールを機能させる仕組みづくりの一例として、本稿では九州大学で行われた「ケースメソッド研修会」の様子を紹介したい。

2　研修会に至る準備（講師）

　九州大学では、平成25年12月に第2部に収録したケース教材を用いた研修を行った（第2部収録）。ケース教材は、教員研修センターの「モデルカリキュラム開発事業」を通して委嘱した各県の指導主事によって原案を作成し、1か月に1回の会議の中でそれをブラッシュアップする形で作成したものである。

　並行して、慶應義塾大学ビジネススクールの竹内伸一特任准教授や大阪教育大学の大脇康弘教授を招

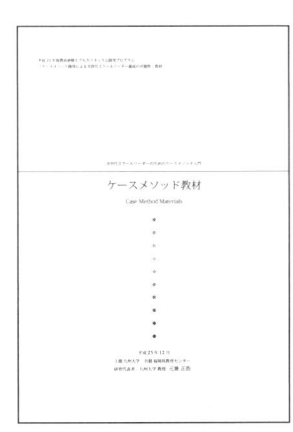

き、それぞれの取組状況やノウハウについての情報を得た。直前期には委員の間でマイクロティーチングを行って、ディスカッション・リーダーとしての力量を高めた。

3 研修会に至る準備（参加者）

　前項に述べた経緯で開発した研修教材を、参加希望者に対し２週間前にデータで配布した。ケースメソッドの理念や進め方について、案内パンフレット等で情報提供したが、文字情報だけでは具体的イメージが伝わらない面もあり、ケースメソッドに関する理解は様々であった。ただし、予習が必要である点については強調して伝え、事前課題の提出を必須とすることにより、確実な予習を担保した。事前課題は参加者ごとに教材を指定して、予習ノートのコピーを提出してもらうものである。事務局で収集する事前課題は各参加者につき１つであったが、研修の１週間以上前に事前課題の提出期限を設けたため、ほとんどの参加者が提出期限の後も継続して教材に取り組み、すべての課題を予習したうえでディスカッションリードに臨んだようである。

4 研修会の運営

　グループは４人構成を基本として編成した。なるべく異なった参加者と交わるよう、１日ごとにグループ指定を変更した。グループの構成が極端に偏ると話しにくい（たとえば小学校籍３名と中学校籍１名のグループ）という声もあったため、配慮できる範囲で校種や男女比の偏りを避けてグループを編成した。

　また、参加者が討論に集中できるよう、全日程の参加を基本とし、途中入退場の予定のある参加者については、専用のグループを設けて配置した。このグループも、全体討議での発言等は他の参加者と区別なく行うものとした。

　ケースメソッド研修会は、各教材90分を１コマとして実施した。最初の30分はグループ討議の時間とし、講師の指示と設問に沿ってグループで意見を表明しあう時間とした。

その後、講師をディスカッション・リーダーとして40〜50分間の全体討議の時間を設けた。最後に、10分程度で大学教員等から論点の総括や、討議で扱わなかった視点の提起、討議の様子のフィードバックなどを行った。これを1セットとして、3日間で8つの教材に取り組んだ。

5　グループ討議

　研修会参加者は、互いに初対面であることが多かった。初めて出会った相手と深い議論をする関係性に至るための補助ツールとして、ホワイトボードを活用した。

　ホワイトボードはA3用紙とほぼ同じサイズのものを参加者1人につき1枚用意した。マーカーは赤・青・黒の三色を1人1本用意した。

　当初は、参加者がおのおのの回答を書き、班のテーブルの中央に集めて共有するという使用法を想定していたが、実際の使用法は講師の創意工夫にゆだねており、設問ごとにホワイトボードを分けて記入するよう指示した事例もあった。

　ホワイトボードに書く作業は、互いの意見を可視化することにつながる。これにより、グループ討議での発言が円滑に進むようになるうえ、互いに回答を参照することでより良い考えに至ることが多かったようである。また、書く際に自身の考えが再度吟味され、よりシャープなものとなるため、全体討議のレベルを向上させる効果もあると考えられる。ホワイトボードを導入することにより、グループ討議の時間は短くなってしまうが、討議全体としてはプラスに働いたと考えている。もちろん、参加者の関係性やケースメソッド研修の経験の度合い、使用法の指示などによって、得られる効果は異なると考えられるため、ホワイトボードが有効な場面の吟味が必要である。

6　全体討議

　ケースメソッド討議法を初めて経験する参加者が多かったため、研修初日は全体討議の中でグループの意見を代表して述べようとする参加者が存在したり、講師と参加者の一対一のやり取りに陥りがちで、全体としての発言の密度をあげられない場面が目立った。

その後、講師の指示や大学教員によるフィードバックを受けて、「発言の前に所属や肩書きを言わない」という合意が形成され、フラットな関係のもとで発言が出るようになった。

　同時に、講師の提案でひとつの発言につき内容をひとつに絞ることにした。複数の内容を含む発言は、討議を間延びさせてしまううえ、論点が拡散して議論の流れを把握しづらくしてしまう。このため、ディスカッション・リーダーが適宜論点を絞り、それについてテンポよく発言を積み重ねていくスタイルを基本とすることとした。これを続けているうち、参加者の発言を受けてすぐに複数の参加者が挙手して発言しようとする雰囲気を作ることができた。この点で、全体討議は各々が用意した答えを披露しあうグループ討議と異なるものであり、合意したルールを通して全体討議の趣旨を明確にすることができたと考える。

　研修会では、同一メンバーで連続して複数のケースに取り組むことにより、失敗を踏まえた継続的なレベル向上が可能となった。体験の中からルールを共有できたことで、暗黙知がうまく積み重なったということができるだろう。本教授法が教員研修に根付き、発展するためには、ケースメソッド討議法に関するたえざる挑戦と実践の継続が必要である。本研修会の事例が、そのベースとなれば幸いである。

　ディスカッションリードや準備の方法について具体的に述べた文献として、髙木晴夫監修、竹内伸一著『ケースメソッド教授法入門』（慶応義塾出版会、2010年）が参考になる。

（九州大学大学院　金子　研太）

#02

第 2 部 | ケースメソッド事例集
　　　　　（ミドルバージョン）

Case 01

校長、恩を仇で返すのか

町田校長、上池中学校に赴任

　町田校長は54歳、校長職について4年目である。市教育委員会事務局の指導主事を3年経験した後、教頭に昇任し、生徒指導に課題を持つ学校を2校経験した後、小規模校の新任校長に採用された。そして昨年春、校長として2校目となる上池中学校に赴任した。

　上池中学校は、各学年5クラス、全校生徒513名、市内にある15の中学校の中で2番目に生徒数の多い学校である。また、市内で最も古くからある伝統校ではあるが、学力面では様々なレベルの生徒が在籍しており、一方、部活動は運動部、文化部ともに盛んである。

　町田校長が赴任したときは、3年生の男子生徒2人が扇動して、対教師暴力、生徒間暴力、授業妨害、喫煙、万引き等の問題行動が日常的に繰り返される、いわゆる生徒指導困難校であった。

　保護者の半数近くが上池中学校の卒業生であることから、学校の荒廃した状態に危機感を募らせている。

　また、地域住民の多くも同校の卒業生であり、学校に対する関心が強く、生徒の登下校時におけるマナー等について苦情の電話は少なくない。

町田校長のミッション

　市の教育長から託された町田校長の最大のミッションは、上池中学校に平静を取りもどすことであった。

　町田校長は、上池中学校を立て直すために、保護者や地域の方々に積極的に学校運

営に協力してもらい、地域にねざした学校をめざすことを学校経営方針の1つにした。そこで、学校を「正常化」するために校外補導や校内の見回りなどを、PTA役員を中心に依頼した。また、市教育委員会の学校教育課生徒指導班から同じ年に赴任してきた教員を生徒指導主任に据え、ベテランの小川教頭とタッグを組ませ、問題行動を繰り返す生徒に、教員全員で毅然とした態度で粘り強く指導にあたった。

　1年目、どんな試みを行っても現状はほとんど変わらなかった。2年目、学校全体に影響力をもっていた男子生徒2名が卒業すると、改善の兆しが見え始めた。一部の生徒が授業の怠学等を行うものの、多くの生徒は授業に落ち着いて取り組むようになってきた。

　町田校長も、自分が打ち出した学校経営方針が間違っていないことを少しずつ実感できるようになった。

澄川早苗の夢と現実

　3年生の澄川早苗は、工務店を経営する父親と専業主婦の母親の一人娘である。音楽が好きで入学時から吹奏楽部に所属している。担当楽器はクラリネット。両親と話し合って、卒業後は音楽科のある県外の私立高校への進学を希望している。高校では全国大会をめざす吹奏楽部で、自分の可能性を試したいと思っている。夏休みには、その高校の説明会に両親と一緒に参加した。

　成績は中の中、どの教科も平均点前後の得点を取っている。やや内気なところがあり、友人をつくることは得意でない。欠席日数は、1年次2日、2年次3日であったが、3年になって欠席が増え、11月末現在で13日となっていた。

　1、2年のときは、面倒見のよい担任で部活動の顧問でもある秋川先生（女性）によって、澄川は手厚くケアされていた。澄川が3年になったとき、秋川先生が転勤し、担任と吹奏楽部の顧問が高山先生（男性：秋川先生の後任）に代わり、学級や部活動における指導が厳しくなった。明るくきびきびと行動することが苦手な澄川は、部活動の全体練習で失敗したときに、何度か高山先生から厳しい叱責を受けた。

　もともと、友達とうまく付き合うことが苦手な澄川は、クラスや部活動で浮いていることが多くなり、授業中、気分が悪くなって保健室に行ったり、欠席をしたりするようになった。

　保健室で休んでいるとき、「秋川先生から高山先生に代わって、クラスも部活も指

導が厳しくなった」と養護教諭に何度か漏らした。養護教諭はそのことを高山先生に伝えたが、高山先生は自分の指導方法に自信をもっており、「これが私のやり方です。澄川にはもっと上手くなってほしいと思って、厳しく指導している。大丈夫、自分に任せてほしい」と聞き入れようとしない。

PTA役員として協力する父親

　澄川の父親は、自宅の隣で有限会社の工務店を経営している。地元の官公庁や企業から委託事業を請け負うことがほとんどで、地域に知り合いが多い。

　娘が中学生になってPTA役員（生徒指導部長）に選出されると、校外補導、校内巡視、懇親会の連絡調整などのお世話を積極的に行うようになった。親分肌のところがあり、学校が荒れているとき、自ら率先して校内の巡視を行い、授業をさぼっている生徒を叱るなど、学校にとても協力的である。PTAとの窓口である小川教頭も、運動会の際の警備係や事前準備、市教委からの急な動員の世話役などを、父親にお願いすることが幾度かあった。いつも「はい、分かりました。学校のためならいくらでも協力しましょう」と快く引き受けてくれた。

吹奏楽部顧問（高山先生）の指導

　吹奏楽部顧問の高山先生は、前任の小規模校において万年銅賞の吹奏楽部を、熱血指導によって県大会で金賞が取れるまでに躍進させた。吹奏楽部に係る指導力をかわれて、この4月から上池中学校に赴任した。

　上池中学校の吹奏楽部は、全国大会に過去3回出場した名門であり、現在、部員数35名、8年連続して県大会に出場し、いずれも金賞を受賞している。

　ただし、ここ5年間は全国大会に出場していない。高山先生の夢は、教え子と一緒に全国大会に出場することである。

　高山先生の指導方法は、前任の秋川先生と違ってとても厳しく、部員の中には、高山先生とうまくいっていないものが、澄川以外にも数名いる。

校内推薦会議

　12月の中旬になり、校内推薦会議が行われる時期がやってきた。
　3学年主任の吉田先生は、各担任から提出された個人データの集計に追われていた。吉田先生は社会科の教員で、県トップレベルのサッカー部の顧問でもある。職員会議等でよく意見を言うこともあり、学年内だけでなく、校内での発言力も大きい。校内推薦会議の資料は、前日の夕方にようやくできあがり、会議のメンバーに事前配付された。
　冬休みの前々日の放課後、校内推薦会議が開催された。構成メンバーは、町田校長、小川教頭、吉田3学年主任に加えて、3年の正副担任である。
　推薦の校内規定については、毎年5月、保護者にはＰＴＡ総会のときに、生徒には全校集会のときに知らせてある。
　県外の音楽科のある私立高校に推薦を希望する澄川の選考では、成績面はクリアしているが、出席面を懸念する声が上がった。担任の高山先生は、「3年次の欠席13日の理由については、風邪及び体調不良です」、さらに、「前回の保護者会では、出席面が基準を満たしていないので、推薦は難しいとお話したのですが、既に高校と話をして来たと言われて、推薦の希望書を提出されました」と説明した。
　吉田先生は、「保護者や生徒には、学年ごとに7日以上の欠席があったときは推薦できないと伝えている。澄川を推薦すると他の生徒に示しがつかない」と意見を述べた。担任の高山先生を含め他のクラス担任も、推薦しないことに賛成した。
　特に反対意見も出なかったので、3学年からの原案を町田校長が了承し、澄川を推薦しないことに決まった。
　会議終了後、担任の高山先生が会議の結果を知らせるために、澄川の自宅に電話をかけた。電話に出た母親に、会議の結果を丁寧に伝えた。母親はその結果をすぐに受け入れることができず、なぜ、推薦できないのかと何度も問いただしたが、担任が繰り返し説明をして、何とか了承してもらった。母親への電話を切った10分後、父親から町田校長に電話が掛かり、推薦の件について話があるので18時に学校に行くと一方的に伝えて電話が切れた。

父親が来校し校長室で豹変

　18時ちょうどに父親が来校した。父親を校長室に通して町田校長、小川教頭、吉田3学年主任、高山先生の4人で迎えた。
　父親はソファーに腰掛けて、町田校長に向かい合い、丁寧な口調で淡々と話した。
　「推薦を希望する県外の高校には、夏休み中のオープンキャンパスに行き、自分がその学校の校長に直接会って話をしました」
　「その日は、吹奏楽部の顧問の先生にも会い、短い間だが娘はレッスンを受け、センスがあると褒められました」
　「このような経緯があり、学校が推薦さえしてくれれば、何の問題もなく、娘はその高校に入学できます。是非、考え直して推薦していただきたい」
　町田校長は、父親の目をしっかり見て、冷静に低い声でゆっくりと話した。
　「推薦会議の結果は変更できません。推薦の選考基準はＰＴＡ総会でお示しています。お嬢さんは成績面では条件を満たしていますが、出欠面で基準を満たしておりません」
　この話を聞くとそれまで冷静だった父親が、突然、鬼のような形相に変わり、鋭い眼光で町田校長を睨み付け、まくしたててきた。
　「世の中はすべて義理と人情によって成り立っている」
　「小さいけれど、わしは会社を経営している。たくさんの人から恩を受けてここまでやってくることができた。でも、これまで受けた恩は必ず返してきた。学校はそのようなことを教えるところではないのか」
　「わしは、ＰＴＡ役員として、学校をよくするために一生懸命働いてきた。仕事を休んで校外補導や学校内の見回りにも協力した。悪さをする生徒を本気で叱ったこともあった。学校はその恩を仇で返すつもりか」
　「役員として協力した家庭と、そうでない家庭とが一緒にされることに腹が立つ」
　「推薦会議の結果がどうしても変えられないなら、教育委員会に行って、自分が知っているこの学校の裏情報を全部ぶちまけてやる。それでもええんか」
　「そもそも、娘の欠席が増えたのは学校に責任がある。娘は学級や部活動のときに仲間はずれにされている。昨年度まではそんなことはなかった。今年度の担任は厳しく言うばかりでなにもしてくれない。部活動の指導においても同じである。そのために学校に行きたくても行けなかった。学校の指導に問題がある」

その後、何度か同じようなやりとりがあるが、平行線のまま話し合いは1時間以上続いた。

結論がでないことにいらだった父親は、「時間がきたから帰る。もう一度よう考えてみい」という捨て台詞をはいて、校長室のドアをバンと大きな音を立てて閉め、帰って行った。

町田校長、小川教頭、吉田3学年主任、高山先生は、しばらく無言でうつむき、校長室のソファーから立ち上がれなかった。

設問

問1 なぜ、このようなことになったと思いますか。

問2 あなたが町田校長だったら、これからどのように対処しますか。次の(1)、(2)について、それぞれの判断を選択する理由と対応策を考えてください。
   (1) 推薦する（変更する）
   (2) 推薦しない（変更しない）

問3 今後、このようなことが起こらないようにするためには、どういう対策が考えられますか。

Case 01
解説

校長、恩を仇で返すのか

出題者意図

　このケースでは、校長として大変難しい判断を迫られている。推薦する(変更する)、推薦しない(変更しない)のどちらを選んでも茨の道で、対応を一歩間違えると大きな問題に発展する危険性がある。まさしく、前門の虎、後門の狼状態である。しかも、判断を先送りするとますます状況は悪くなることから、速やかな判断が迫られる。

　設問1は、このような事態を招いた原因を問うている。単にそういう保護者だったからで片付けてはいけない。多くの保護者は自分の子どものことしか見えておらず、ある意味、澄川の父親の言葉は、保護者の本音を語っている部分がある。原因については、全体指導と個に応じた指導との兼ね合い、教育相談の体制、情報の共有、保護者対応等、様々な側面から考えてみる必要がある。

　設問2は、(1)「推薦する(変更する)」、(2)「推薦しない(変更しない)」のそれぞれについて、選択する理由と短期的な対応策を問うている。町田校長になったつもりで、それぞれの判断材料を挙げて検討している場面を想定して考えてほしい。

　設問3は、今後このような問題を引き起こさないようにするための、中・長期的対応策を問うている。設問1と関連付け、日頃から、どのようなことに配慮して、教育活動を行うべきか、チェックリスト等を用いて洗い出すとよい。そして、教職員が組織として対応することができるよう、校長として共有できるビジョンを示し、協力体制を構築することが求められる。

専門職基準との関係

専門職基準①とケースとの関係

　専門職基準①：学校の共有ビジョンの形成と具現化

　　下位項目：(3) 関係者を巻き込んだ共有ビジョンの形成

　　　　　　　校長は学校の実態と使命を踏まえつつ、すべての教職員、児童生徒、保護者、および地域住民等を巻き込みながら学校の共有

ビジョンを形成し明示する。

　学校として高等学校への推薦基準を明確に示して、生徒、保護者、教職員で共有することによって、学校としてめざす生徒像を周知させることができる。そのめざす生徒像に向けて生徒が努力し、教職員や保護者が支援する体制づくりを推進するためには、周知させていた推薦基準に基づいて選考することは極めて大切である。

専門職基準②とケースとの関係
　専門職基準②：教育活動の質を高めるための協力体制と風土づくり
　　下位項目：（１）児童生徒の成長・発達に対する校長の責任
　　　　　　　　　学校教育を受けることによってあらゆる児童生徒が成長・発達
　　　　　　　　　できるようにすることを、学校の担うべき責任として自覚する。

　学校ではあらゆる児童生徒が成長・発達できるようにするために、一人ひとりに応じた教育の充実を図る必要がある。学校には様々な特性をもつ生徒がいる。集団になじみにくい生徒に対して配慮することは重要であり、進路の保障についても十分に考慮する必要がある。

回答例

問１　なぜ、このようなことになったと思いますか。
- 教員のアンテナが低く、個に応じた生徒のケアが不十分だった。
- 教員間に情報の共有ができていなかった。
- 計画的な進路指導ができていなかった。
- 部活動での成果を重視するあまり、個々の生徒に対する配慮が足りなかった。
- 推薦会議で十分な議論が尽くされていなかった。
- 保護者のＰＴＡ活動が生徒個人の利益につながることはない等の説明が不十分であった。

問２　あなたが町田校長だったら、これからどのように対処しますか。次の（１）、（２）について、それぞれの判断を選択する理由と対応策を考えてください。
　（１）推薦する（変更する）

＜理由＞
- 欠席の原因は教員との人間関係によるところが大きい。
- 学校のケアや進路指導が不十分である。

＜対応策＞
- 推薦会議で再検討をする。
- 全教員に変更する理由を説明し、理解を求める。
- 校長の決断で推薦する。

（２）推薦しない（変更しない）

＜理由＞
- 基準はＰＴＡ総会で伝えている。
- 保護者や外部の圧力には屈するべきではない。
- 他の生徒や保護者の理解が得られない。

＜対応策＞
- 家庭訪問をして澄川の保護者に変更できない理由を、再度、詳細に説明し理解を求める。
- 一般入試に向けて学校側と生徒・保護者とが一緒に対応策を練る。
- 校長が高校に出向き、推薦できない理由を説明して理解を求める。

問３　今後、このようなことが起こらないようにするためには、どういう対策が考えられますか。
- 部活動の指導の改善を図る。
- 教育相談体制の充実を図る。
- 「報・連・相」の徹底を図る。
- 計画的な進路指導を行う。
- 推薦基準を見直し、生徒・保護者に対して、周知・徹底を図る。
- ＰＴＡ役員と双方向の関わりをもつ。
- 校長が学校ビジョンを示し、リーダーシップを発揮する。
- 学校組織マネジメントを確立する。

Comment

佐賀大学
文化教育学部
川上　泰彦

　最近の学校において「地域との連携」は欠かせない経営課題であり、上池中学校のように「地域とともにある」といったフレーズを掲げる学校も多い。地域との連携により学校の「正常化」に成功したというような劇的なケースでなくとも、地域人材や保護者によるボランティアを活用して子どもの学習内容の充実を図ったり、校内の教育環境整備を図ったりする学校は、もはや珍しくなくなりつつある。

　では、そうした保護者や地域人材が、すべて学校の思う通りに活動の趣旨を理解して活動しているかというとそうではない。多くの人たちは、それぞれの「教育観」「社会観」のもと、それぞれの理想とする「支援の形」に向け、もしかすると、それぞれに支援の見返りやメリットを期待しながら、学校を接点に活動を行っている。

　こうした状況を想定すると、今回のケースからは地域と連携する学校に潜在するリスクの一つとして、地域の人材情報を把握し、活動の差配に活躍する有力人材との距離感の課題が浮かび上がる。学校と地域住民・保護者との接点が増え、依存度が上がれば、彼らの生の意見や利害に接する機会も増え、それを考慮する必要性も上がる。もし両者に齟齬がある場合、不用意な解決はこのケースのような「危機」にも直結する。これらにどう対処するのかは、今後注目される悩ましい課題と言えよう。

　一方、こうした要素を抜きにした「顧問教師と生徒の相性で評価が変わり、推薦が左右されたことの（そもそもの）妥当性の問題」についても考えていただきたい。このケースは澄川家が有力な学校支援者であるために問題が顕在化した。しかしどんな家庭が背景にあったとしても、このケースのような流れの中で推薦を外れた責任を、その生徒（と家庭）にだけ負わせるのは妥当だろうか。そう考えたとき、もし「普通の」家庭の生徒で同じ状況が起きても、人知れず事案は処理され、課題は顕在化しなかった可能性がある。澄川家が当事者になることでこの問題を認識できたことは一つの幸運かもしれない。問3の「今後、このようなことが起こらないようにするため」とも関連して、そういう「そもそも論」をしてみるのも良いのではないだろうか。

Profile

　佐賀大学文化教育学部准教授。博士（教育学）。専門は教育行政学で、主著に『公立学校の教員人事システム』（単著、学術出版会、2012年）。教員の人事（特に異動や昇進）のほか、学校評価やコミュニティ・スクールなど、学校の「中」と「外（行政機関や地域社会）」をつなぐ作用に興味を持って研究を進めている。

Case 02

校長先生、お話があるのですが!!
―対応の遅れが、若手教師の学級崩壊につながった話―

　青山小学校は、市の中心部に近い閑静な住宅街に立地している。各学年3クラスの中規模の小学校で、歴史も古く、地域や保護者も協力的で行事等への参加も多い。その青山小学校に、本年度、新任の浜田校長と新規採用の島田先生が赴任してきた。

島田先生のこと

　3月に地元の大学を卒業したばかりで、学校現場での経験はない。学生時代は文化系のサークルに入部していたが、友人との関係がうまくいかず、途中で退部していた。
　4月当初は、慣れない生活が始まる不安と緊張で表情も硬かった。

　浜田校長は、比較的落ち着いている3年生を担任させることにした。3年生には、学年主任の田中先生がおり、島田先生の指導も熱心にしてくれると考えた。始業式が終わり、3年部も順調にスタートを切ったように思えた。

最初の事件発生

　4月下旬、家庭訪問が始まった。午前中授業のため、子どもたちも落ち着かない毎日を送っていた。家庭訪問期間中は、給食後に簡単な掃除をして、子どもたちを下校させる日課になっていた。そのような中、最初の事件は起こった。掃除中に一人の子どもが島田先生に反発し、校門から飛び出していったのだ。あわてた島田先生は、学年主任の田中先生に報告し、すぐに子どもを捜しに行った。数分後、校門近くにいた子どもを見つけ、島田先生は教室にもどってきた。学年主任の田中先生も、ほっと胸をなでおろした。しかしながら、1軒目の家庭訪問の時間が迫っており、十分に指導

する時間はなかった。翌日、田中先生は、週に一度学校に訪れる拠点校指導教員にも事情を説明し、島田先生に対して指導してもらうように頼んだ。

　一方、浜田校長も、年度当初の忙しさの真っ只中にいた。教頭時代と最も違うのが、常に「判断」を迫られることだった。自分の判断や対応は適切だったのか、自問自答する日々を送っていた。

　連休明けのある日、帰りの会の最中に、また別の子どもが島田先生に反発し、校門から飛び出していった。島田先生は、前回と同じように学年主任の田中先生に報告し、下校指導をお願いして、飛び出していった子を捜しに行った。この日も、子どもは戻ってきた。島田先生は、その子を落ち着かせ、指導したあと下校させることができた。

　この頃から島田学級では、毎日のようにもめごとが起こるようになった。授業中も落ち着かない、そのため、島田先生が大きな声を出すことも増えてきた。田中先生が、島田学級を見に行くと、子どもたちへの指示が通っていない。数名の子が、島田先生の言うことに反発し、授業がストップしてしまうことも多くなった。
　田中先生は、教頭に相談した結果、体育など合同でできる教科は、田中先生が主になって合同で授業を実施することにした。また、教務主任と相談し、拠点校指導教員の訪問日以外は、空き時間のある先生ができるだけ島田学級に入れるような時間割を組んだ。浜田校長もしばらくは、その体制で進めようと決めた。
　6月、プール開きを迎えた。浜田校長は、3年生のプール開きを参観した。自由時間になり、子どもたちは歓声を上げながら水泳を楽しんでいた。学年部の先生方も、一緒にプールに入り子どもたちと楽しそうにしている。ところが、島田先生には、子どもが近寄っていかないのである。避けるように島田先生から離れていく。浜田校長は、放課後、島田先生を校長室に呼び指導した。
　新任で、研修や報告書づくりなどで忙しいと思うが、休み時間はなるべく子どもたちと過ごし、一緒に遊ぶよう伝えた。この日から、島田先生は、昼休みに子どもたちと遊び始めた。1週間後、浜田校長は島田先生を呼び、様子を聞いてみた。本人も、
　「子どもと話す時間が増えました。少し子どもの見方が変わりました」
と答え、浜田校長もしばらく続けるよう伝えた。
　拠点校指導教員も、島田先生に対して、子どもとの接し方や指示の出し方などを指

導した。島田先生も素直に指導を受け、改善に向け取り組み始めた。しかし、意欲的に取り組むものの、なかなか子どもたちとの関係改善にはつながっていかなかった。

　拠点校指導教員をはじめ、他の教職員が入ると、教室はずいぶん落ち着いた。体育でも田中先生の指導に、子どもたちは素直に指導に従い楽しんでいるようだった。田中先生も少し安心し、しばらくはこの体制を続け、島田学級を徐々に落ち着かせていく他はないと考えた。

　ある日、水泳の授業の終わりに、
「次の時間も島田先生と授業を頑張りましょう」
と声をかけ、田中先生が自分の学級に戻りしばらくすると、島田学級から子どもたちの大声が聞こえてきた。島田学級では席替えが行われており、数名の子どもたちが、島田先生が決めた座席に反発しているのである。納得がいかないのか、児童数名が島田先生を取り囲んで文句を言っている。このように、子どもたちは、田中先生が教室に戻り島田先生だけになると、不安定になるのである。島田先生の一つ一つの指示に、子どもたちが反発し、それに同調するかのように、担任の島田先生に対する反発が広がるのである。

　係活動をしないし、掃除もいい加減になってきた。見回った他の教職員が注意すると一旦取り掛かるものの、場を離れると元の状態に。島田先生も指導をしてまわるが、まったく言うことを聞かない。
　この頃から、浜田校長のもとに、他の学年の教職員からも不安の声が聞こえてきた。

第2の事件発生

　その後も島田学級では、毎日のように子ども同士のトラブルが起こった。しかし、島田先生は一つ一つに適切な対処ができていない。トラブルの原因を把握し、どちらが悪かったのかを指導・反省させることができずに下校させることも増えていった。そんな時、女の子の筆箱が壊されるという事件が起こった。島田学級の様子がおかしいと感じた田中先生が教室に駆けつけると、筆箱を壊された女の子が泣いていた。その時、島田先生は、他の子どもたちのトラブルに対応していた。周りの子に事情を聞くと、翔太が壊したという。ところが、田中先生が翔太に尋ねると、自分はやっていないというのだ。一旦、学級を落ち着かせ、全員に状況を聞いてみても、同時にいく

つかのトラブルが起こっており、子どもたちも詳しくは分からないというのだ。このように、島田学級では、一つもめごとが起こると、学級が不安定になり、同時にいくつものもめごとが起こるようになった。

夕方、女の子の母親から島田先生に電話があった。
「娘の筆箱が壊されました。翔太君がやったと話しています」
「先生はどのように指導されたのですか」
「翔太君の親御さんは知っているのでしょうか」

夏休みを前にして、このような電話が増えていった。トラブルをきちんと解決して下校させていないため、どちらの保護者も納得しないのである。

学級の荒れは、給食時間に顕著に現れた。当番の仕事をしない。勝手に食べ始める。ある子のデザートがなくなったこともあった。浜田校長は、急遽、教頭に給食時間も他の教職員を島田学級に入れるよう指示した。

浜田校長先生、お話があるのですが

そんなある日、島田学級の一人のお母さんが、浜田校長をＰＴＡ会議室前で呼び止めた。ＰＴＡの執行部をしている協力的な母親である。話を聞いてみると、授業が進まない。子どもが先生の言うことを聞かない。もめごとが絶えない。そのため、不安がっている保護者が多く、緊急に保護者会を開いてほしいという要望が出ている。そして、保護者会後に、校長先生にも話をしていただきたいと訴えた。

設問
問1 あなたが浜田校長なら、早い時点でどのように対応しますか。
問2 あなたが浜田校長なら、今後どのように対応しますか。

Case 02
解説

校長先生、お話があるのですが!!
—対応の遅れが、若手教師の学級崩壊につながった話—

出題者意図

　教員の大量退職の時代を迎え、今後、大学を出て間もない新規採用の若い教員の増加が予想される。なかには、子どもたちとうまくコミュニケーションをとることができない教員の出現も予測され、学校としてどのように若手教員を支え、成長させていくべきか、その際の対応が出題のねらいである。

　設問1は、校長として、これまでの対応は十分であったかを問うものである。どの学校でも起こる可能性がある事例であり、いかに状況を把握し、的確に手を打っていくべきかについて、アイディアを出してほしい。

　設問2は、緊急保護者会への対応と、今後の島田学級をどうしていくかという2つのことを問うものである。保護者の不安を取り除くために、学校としてどのように対応していくか、いわゆる組織的な対応が求められる。また、島田先生の現在の課題を明らかにし、本人に自信を持たせながら、どのように現状の改善に取り組むか考えていただきたい。

専門職基準との関係

専門職基準②とケースとの関係

　専門職基準②：教育活動の質を高めるための協力体制と風土づくり
　　下位項目：（1）児童生徒の成長・発達に対する校長の責任
　　　　　　　　　　学校教育を受けることによってあらゆる児童生徒が成長・発達できるようにすることを、学校の担うべき責任として自覚する。
　　　　　　（3）児童生徒の学習意欲を高める学校環境
　　　　　　　　　　あらゆる児童生徒が、安心して高い意欲をもって学ぶことができる環境を校内に形成するように教職員をリードする。
　　　　　　（4）教職員の意欲向上に基づく教育実践の推進
　　　　　　　　　　教職員が高い意欲をもって、より質の高い教育実践を協力して

推進できるようにする。
（5）教員が能力向上に取り組める風土醸成
より質の高い教育を実現するために、教職員が絶えず新しい教授方法や教材開発に取り組むことができるような風土を醸成する。

回答例

問1
- 最初に子どもが飛び出した時に、担任を含めた関係者の確認が必要だった。
- 校長として、島田学級の授業参観を定期的に行うなど、状況を充分に把握し、島田先生を支援する体制作りを早急に行う。
- 島田先生に対しては、休み時間に子どもたちと遊ぶことを継続させるとともに、子どもたちに友だちの'よいところ探し'をするように促す。子どもに、友だちのよいところを数名ずつ報告させることによって、島田先生自身が、クラス全員の子どものよさを把握できるようにする。
- 田中先生、または、拠点校指導教員が、子どもたちの気持ちを一人一人聞き取るようにする。

問2
- 保護者会では、島田先生は新任であり未熟な部分も多いことを率直に話し、理解を求める。そのために、学校としても組織的に支援していくことなどを伝え、保護者に安心感をもってもらう事が重要である。
- 一度に多くのことを指導しても、島田先生は実行できないと予想される。努力する事項を本人との話し合いで決め、一つずつ実践に移し、そのたびごとに評価していく。その積み重ねにより徐々に教員としての自信を持たせていく。

MEMO

Comment

福岡教育大学大学院
教職実践専攻
大竹　晋吾

　「人材育成」が示す成果は、「人材」が有能な人的資源として育成されることにある。ただし、実態としては子どもの能力が計画通りに成長・発達していかない事もあるように、教員の能力を計画通りに成長させることは難しい。若年層教員の人材育成も同様である。

　本ケースに登場してくる人材育成／危機対応の課題は、近年の大量採用時期に入り若年層教員の割合が急増している（今後は全国的に展開するであろう）学校で勤務する教員には往々にして共感できるものではないだろうか。しかし身近にある課題だからこそ、これらを解決するのは容易ではない。人間の成長・発達は急激に進展することもあればそうでない場合もある。子どもの成長・発達を見守ることは指導の一貫とすることはできる。しかし、教員の成長・発達を見守り続けることは容易ではない。「長い目でみてやろう」「もう少し生徒への接し方の変化を見守ってやろう」という配慮は、今回のケースのように一方では学級崩壊等への危機対応の遅れにつながってしまう。管理職からすれば、若い教員の成長に期待しているからこそ、「時間をかけて」「気づいて欲しい」という指導的側面と、危機対応の芽を摘むように「事件が生じてからでは」「遅きに失する」という判断に迷うのではないだろうか。

　本ケース教材は、ここから「人材育成」の本質的な課題に迫ろうとしている。「人材育成」を計画することはできるが、実際は教員が実務を抱えながら同時並行的に進行していく。実務課題に直面し困難な課題に立ち向かうことができた場面と、「人材」として成長する場面が合致すれば良いのだが、必ずしもそのタイミングが合わない場合も往々にして存在する。若年層教員の成長・発達に期待したいが、子どもたちはその成長・発達を待っていられないのである。その時に、管理職（層）としてどのような判断基準を設けて、指導（介入）／非指導（不介入）を選択するのか、一方を選択した際のメリット・デメリット（若年層へのフォローも含めて）の対応予測を事前に

Profile
福岡教育大学大学院教育実践専攻（教職大学院）准教授、学校運営リーダーコース主任。日本教育経営学会実践推進委員会第1期～第3期委員。現在はミドルリーダー人材育成に関わっている。

考えておかなければならない。

　管理職（層）と簡単に述べているが、価値判断がそれぞれに異なっているレベルでは方向性が定まらない。管理職（層）の情報共有をどのように行っていくのかも議論の対象となるのではないか。

　「人材育成」の課題は若年層教員の指導だけではなく、中堅層（30代～40代）・ベテラン層（50代）、その他にも様々な論点が指摘できる。今次の大量退職・大量採用段階に入っている時期だからこそ学校経営で考えておかなければならない重要課題の一つである。ぜひともディスカッションの題材にしてほしい。

MEMO

Case 03

チーム緑山へようこそ！

緑山小学校のこれまで

　緑山小学校は、創立47年目で、各学年2学級、計12学級（全校児童312名）の規模の学校である。その名のとおり、学校は緑山を臨む地域にあり、周囲には閑静な住宅地が広がっている。

　この緑山小学校では、三木校長が赴任した2年前に、学級担任の指導力不足などによって生徒指導上の問題が次々に起き、徐々に学校全体が不安定な状態になり、児童の様子が落ち着かない状況となってきた。保護者もその状況を児童から聞いたり、授業参観などで感じ取ったりして、学校に対する不安や不信感が広がっていった。

　三木校長は、この現状を受けて、どうすれば打開できるのかを模索する中で、アンケートを実施して児童の思いをつかもうと試みたり、特別活動を軸に人間関係づくりに関する指導に取り組んだりしてきたが、なかなか成果が見られない日々が続く中で、1年目は終わった。

吹石教諭の赴任

　このような状況の中に、昨年度、吹石教諭が赴任してきた。教職20年目の吹石教諭は、特別活動のスペシャリストである。特別活動への思いは並々ならぬものがあり、勉強会にも積極的に参加し研鑽を積むとともに、実践に基づく研究を積み重ねてきた。若い教職員たちからも慕われ、指導法に関する相談が寄せられるなど知名度も高かった。また、これまでの赴任校では実践を通して、荒れが見られる学級を担任し、次々とその状態を立て直すとともに、学校経営にも協力的で大きく貢献してきたため、校長からの評価も高かった。

緑山小学校では、昨年度末、次年度から主題研究を特別活動によって行っていくと考えていたため、吹石教諭の着任は三木校長にとって、願ったり叶ったりであった。三木校長は、吹石教諭の実績を十分に評価しており、現在の緑山小学校の現状を踏まえて、吹石教諭に、「本校を立て直すために力を貸してほしい」と率直に話した。吹石教諭は、自身の実力を評価された喜び、そしてやりがいを強く感じ、意欲がなおいっそう高まった。

「チーム緑山」の誕生

三木校長はまず、教頭と教務主任に、本年度は吹石教諭を研究主任とし、特別活動を主題とした研究を実践する中で、これを軸に学校経営を推進するという方針を伝えた。その件については、教頭も教務主任も了承し、吹石教諭への期待を膨らませるとともに、それぞれが自身の役割を確かめた。吹石教諭は、まず、学校経営方針を具現化できるような主題研究の計画案を作成した。三木校長は、その経営案を読んだとき、やや特別活動に傾倒しすぎる感はあるものの筋が通っており、吹石教諭の意欲と力量を今さらながら感じた。

前評判も手伝って、吹石教諭の意欲や説得力は、年度初めの職員会議から他の教職員へ浸透していった。また、学級開きの在り方についてアドバイスをしていくなど面倒見もよく、吹石教諭の信頼は日に日に高まっていった。

いよいよ一学期のスタート。学級担任たちは、この日までに互いに練り合った指導方針を胸に教壇に立った。日々、それぞれの学級で様々なドラマがあったが、吹石教諭を中心とした職員室での情報交換などにより、教職員の共通理解やスキルアップが実現されていき、次第に学校全体の雰囲気がよくなっていった。

さらに、春の運動会でも、吹石教諭が発案した異年齢集団活動を取り入れたことで、児童が互いに関わり合いながら自主的に活動している姿が随所に見られた。これまで、不安や不信感を抱いていた保護者も、「今年の緑山小学校は違う」と次第に評価を高めていった。教員たちは、このような機会を重ねるたびに充実感や達成感、一体感を味わい、自信を回復するとともに、キーパーソンとなっている吹石教諭をカリスマ的存在とみるようになった。

こうして、自他共に認める「チーム緑山」が誕生した。その後も「チーム緑山」は、一致団結し、意欲的に教育活動を展開していった。

吹石教諭の課題と三木校長の評価

　吹石教諭の信念は、「為すことによって学ぶ」。若い頃から特別活動の教育的効果を信じて勉強してきた吹石教諭は、まずやってみようとする意識が高いあまりに、特別活動の指導時数が超過し、休み時間を使った活動も少なくなかった。三木校長は、こういった吹石教諭の仕事ぶりを把握してはいたが、教頭、教務主任からも特に気になる内容の相談もなく、「学校が良い方向に変わってきている」という実績を最優先に評価し、指導時数については、教務主任を通じて吹石教諭に見直しを伝えるよう指示する程度であった。

　ところで、三木校長は、特別活動の指導については苦手意識があり、学級担任として、学級活動をしっかりと指導してきたという自信はなかった。そのため、吹石教諭の報告・連絡・相談に対しても、指導・助言などを積極的に行わず、ただ任せているような状況であった。

「チーム緑山へようこそ！」

　そして本年度は、3人の教職員が転出し、他校から3人の教職員が赴任してくることになった。転出する教職員のためにお別れの会を開くとともに、赴任してくる3人へは、「チーム緑山へようこそ！」と横断幕を作成し、歓迎の意を表した。それは、昨年度、心を一つに教育活動を行ってきた教職員たちの自信の表れでもあった。三木校長は、これもチーム意識に基づいたすばらしい協働的な場面ととらえ、うれしく感じながらあらためて吹石教諭の力量を感じた。

　赴任してきた3人は、この歓迎ぶりに驚きながらも、赴任したばかりの緊張感を和らげてもらったという感謝の気持ちで緑山小学校でのスタートを切った。

「昨年どおり」の落とし穴

　本年度の教育計画について検討する会議が本格的に始まった。昨年度の成功体験から、緑山小学校は、昨年度の方針に則るという意識がかなり強いものとなっていた。そのような中、本年度赴任した3人は、これまでの緑山小学校の方針を尊重しながらも、今までの経験を踏まえ、新しい提案をしたり意見を出したりした。ところが、そ

れは却下されることが少なくなかった。例えば、本年度赴任してきた３人のうち、読書活動の充実を重視する指導を大切にしてきたベテランの谷中教諭は、図書主任として、朝の読書や図書館経営について提案をしたが、特別活動で構築された「昨年どおり」を大切にする緑山小学校においては、受け入れられることが少なかった。また、残りの２人は、特別活動の内容の精選、効率化に関する意見を出したが受け入れられず、「昨年どおり」となった。教務主任は、このときの２人の様子が少し気になって教頭に相談した。教頭は、「校長、教頭、教務主任が１枚岩になることが大切」という信念をもつ人物で、すぐに三木校長へ相談をした。これに対し三木校長は、２人に、「分かった。私も気を付けておく。これからまた、このような状況が続くようだったら動こう。君たちも気を付けておいてくれ。何か気になることがあれば、また、すぐに報告してほしい」と指示した。

本年度赴任した３人の様子

　本年度の春の運動会は、昨年度の異年齢集団を生かした活動を取り入れて、教師も児童も見通しをもちながら活動することができ、活気あふれるものとなった。また、運動会後のアンケートでも、保護者から、力を合わせて生き生きと活動している児童の様子に対して評価が高かった。
　三木校長は、その結果に満足であった。一方、本年度赴任した３人の担任が運動会に向けた指導期間中の放課後に、よく３人で集まって話している状況を目にしており、気になってはいた。しかし、３人の学級の児童は生き生きと活動しており、特に荒れるといった様子もない。そのため、「赴任したばかりで不慣れなため、互いに励まし合っているのだろう。この仕事ではよくあるシーンだ」と、特に働きかけることなく様子を見ていた。

開けてびっくり！　アンケート箱

　同校では、毎学期末、児童、保護者、教職員のアンケートを実施している。昨年度は、徐々に高まっていく学校評価（特に児童相互の人間関係に関することなど）に、三木校長も結果を楽しみに感じるようにさえなっていた。
　一学期末を迎え、教務主任のもとにアンケート用紙が次々に集まる頃となった。

そのような中、教務主任が血相を変えて、校長室にやってきた。
「校長先生、これをお読みになってください！」
そう言って手渡されたのは、1枚のアンケート用紙であった。その用紙は、本年度赴任してきた3人の連名で書かれたものであった。内容は、次のとおりである。

> 　私たちは、一学期の間、なかなか自分たちの意見を受け入れられず、ストレスを強く感じながら仕事をしてきました。「チーム緑山」は確かに学校を立て直してきたのでしょうが、活気があるにもかかわらず、どこか、閉鎖的で排他的な雰囲気を感じます。赴任初日に書かれていた「チーム緑山へようこそ！」とは、どういう意味だったのでしょうか。相談する相手も見つからず、本年度赴任してきた私たち3人は常に相談し合ってきました。（決して前向きではありませんが・・・）他の意見を受け入れられない集団は、真のチームとは言えないと思います。とても違和感を感じています。

設問
- **問1** 三木校長は、どの段階でどのように対応すべきであったと考えますか。
- **問2** あなたが三木校長だったら、この後、どのように対応しますか。

Case 03 チーム緑山へようこそ!

MEMO

Case 03 解説

チーム緑山へようこそ！

出題者意図

　本ケースは学校という組織の協力体制と風土づくりについての考察を促すものである。緑山小学校は、吹石教諭の着任によって劇的に学校が変わりはじめた。そして、他の教職員も吹石教諭の力量を認め、協力体制は築かれ、ひとつのスタイルが確立された。そのような中に、新たに赴任してきた教職員たちが、思いや考えを表出したとき、校長はどのようなマネジメントを図るべきであろうか。

　設問１は、チーム意識をもつ教職員と、新たに赴任してきた教職員の関係をよりよいものにするために、新年度のスタート時から校長として何をすべきかを問うものである。三木校長は、吹石教諭の働きを認める一方で、校長としてなすべき働きかけが欠如していたことが読み取れると思う。機を逃すと修復が不可能であったり、困難であったりすることは多い。三木校長は一体、どの場面でどのような働きかけが必要であったのかを考えていただきたい。

　設問２は、この事態を受け、今後どのような対策を講じていけば、教職員間の人間関係が改善され、再び協力体制が築かれていくかを問うものである。１度こじれてしまった人間関係の修復は、容易ではない。だからこそ早急に原因分析を行い、対策を講じて徐々に修復に向けて歩んでいくことが必要になろう。この問題においても、校長が、自分自身だけで動くのではなく、組織を生かし、組織そのものが改善されてこそ解決の方向へと向かうであろう。

　学校現場は、児童生徒の人間関係づくりのために、まず教職員相互の人間関係づくりが重要である。そのために大切なのは、教職員一人一人がそれぞれの持ち味や考えをもちながらも、いかに同じベクトル（学校経営方針）の基で教育活動を営んでいくかということである。教職員が互いを認め合い、折り合いを付けながらよりよい学校づくりを目指す風土を醸成するために、リーダーである校長は何をすべきかを本教材を通して考えていただきたい。

専門職基準との関係

専門職基準③とケースとの関係

専門職基準③：教職員の職能開発を支える協力体制と風土づくり

下位項目：（3）共有ビジョン実現のための教職員のリード

学校の共有ビジョンの実現のために、一人ひとりの職能開発と学校としての教育課題の解決を促すための研修計画を立案するよう教職員をリードする。

（4）相互交流と省察を促す教職員集団の形成

教育実践のありようを相互交流しあい、協力して省察することができるような教職員集団を形成する。

（5）教職員間の風土醸成

教職員の間に、協働、信頼、公正、公平の意識が定着するような風土を醸成する。

回答例

問1　三木校長は、どの段階でどのように対応すべきであったと考えますか。
- 吹石教諭の特別活動における指導時数超過を把握した段階で、それまでの尽力を充分に認めた上で、原因分析や具体的な見直しを図るように教務主任を通じて指示する。
- 年度当初に、互いの持ち味やアイデアを取り入れる方向で話合いをしていくよう方針を打ち出す。
- 運動会に向けた指導の時期に、新しく赴任してきた3人の教職員が集まって話している様子を目にしたとき、話しかけて3人の思いを把握する。
- 昨年度から在職していた教職員と、本年度赴任してきた教職員の協働の場面を意識して見つけて称賛する。

問2　あなたが三木校長だったら、この後、どのように対応しますか。
- 教頭、教務主任と共に、赴任してきた3人からそれぞれの思いをしっかりと聞いた上で、原因分析と今後の対策について話し合う。
- 吹石教諭との対話を通して、二学期からの学校経営ビジョンを見直し、教職員それぞれの役割を明確にして指示を出していく。

Comment

就実大学
教育学部初等教育学科

高木　亮

　本ケースは特定の学校をモデルに設計されたものではなく、現役の教育センター指導主事らが把握する現代的な学校・教職員への様々な問題意識に基づき生じやすい危機のメカニズムをまとめた成果である。本ケースにおいて（1）リーダー的教員の学校経営への貢献と、生じかねない副作用、（2）リーダーとミドルリーダーそれぞれの立場と役割、（3）人事異動の際に発生しやすい不適応のリスク、の三点より考えてみたい。

　（1）について考えてみよう。筆者は常日頃、学校には学力・生活面での現状の「健康」度と学校の組織・経営における「健全性」の2側面をそれぞれ把握し、総合的に評価する必要があると考える。例えば、学校組織がコントロールしきれない地域性や個々の児童生徒、保護者、さらに災害も含めた不幸な出来事は当然存在する（学校の不健康）。しかし、このような状況が苦しく課題が多く、結果は一定の不健康なものになっても、公私立学校では公共のサービスとしてできることを模索し実行していくこと（学校の健全性）がその使命である。多くの学校の経営の評価において"不健康な学校の状況ながら健全な学校経営を模索する"ことがテーマであろう。一方で本ケースは絶妙な状況設定により"学校の健康な状況に芽生えはじめた学校経営の不健全"をストーリーに描き、これが児童への混乱に至る前に"不健全を立て直す"という視点を与えることに成功している。いうなれば、有能ながら"少し調子に乗りすぎてしまった"リーダー達の視点と戒め、さらにこの局面で気づくという点で「調子の乗っている時に必要な気づく力」という有能さを読者に求めている。

　（2）について考えてみよう。三木校長は教諭時代に特別活動や学級担任としては「苦手意識」がありながらも誠意をもって緑山小学校の健全化を試みてきた。また、吹石教諭も今の教諭に求められる個性的な能力として特別活動を通して学校を変える取り組みを行ってきた。他のミドルリーダーや教諭らの「チーム緑山」は昨年度までに「不

Profile
　就実大学教育学部講師。博士（学校教育学）。現任校では幼稚園教諭と小学校教諭の養成に従事。現在の関心は絆や同僚性、社会関係資本などが持つ学校・教職員への負の影響力。

安定な」学校を落ち着かせ、教職員や児童、保護者に「今年の緑山小学校は違う」とまで学校の健康度の評価を受けるまでになった。本ケースの課題は「…ながらも…」の「落とし穴」の部分である。登場人物個々人の能力や努力、誠意は健全ながら、それが新年度の学校組織においては徐々に「不健康未満ながら不健全」という状況に陥っていく。従来の教員や管理職の個々人に注目する視点では「誰が悪いわけじゃないけど相性が悪かったんだよねぇ」で話が終わってしまう課題である。これをケースメソッドという能動的な学習形態と、その手法の個性を見極めた現役指導主事達は最大限活用し、改善可能な課題として描くことに成功している。

　（3）について考えよう。現在、新採用教員の大量採用が小学校より始まり、近く中学校・高校でも同様の傾向となる。若手の適応支援は学校経営の課題である。また、人口減少による小規模自治体の増加や政令市・中核市といったそれぞれの人事権の確立は今までにない教職員人事の難しさをもたらしている。本ケースは異動してきた3人の教諭達の、出来つつある個性的な学校文化への不適応の物語でもある。従来は異動してきた"教諭のみ"に適応の課題が課せられやすかった。しかしながら、ケースメソッドという手法とそれを取り入れた指導主事たちの慧眼はこれに"学校組織にも"適応の課題が存在することを気づかせ、改善を求める。まさに旬のテーマである。

　このような手法と手法を用いた教材開発、またこれらにより育まれる学校の次世代リーダー・ミドルリーダーらの活躍を思うと今後の学校教育の健全化に強い希望を感じる。あわせて、この健全化の結果としての学校の健康化にも（期待しすぎない範囲で）希望を感じることができる。さらに本ケースの特長は「不健康未満ながら不健全になりつつある」学校をよりよくしていくというストーリーの絶妙さである。つまり、積極的生徒指導ならぬ積極的学校経営・学校改善の課題を見事に描いている。ところで、本報告書の多くのケースは、筆者の実感では「読むだけで辛くなるほど」の過酷な学校の不健康を立て直す健全さを求める内容である。過酷な学校経営・学校改善が現実なのかもしれないが、是非とも前向きで希望があり夢がある、そんな積極的な学校経営・学校改善を描き得るケースが今後多く提案されることを願いたい。

Case 04

校長先生、どうにかして下さい!!

光ヶ丘中学校の概要

　光ヶ丘中学校は、全校生徒845名、3学年合わせて22学級、教職員46名の大規模校である。大規模な主要都市に隣接する人口9万人ほどの市にある。田園風景が広がるのどかな地域であったが、この十数年で様相が一変した。ベッドタウンとしての開発が進み、田園はマンション群へと変貌し、それに伴い人口流入がおこった。光ヶ丘中学校の多くの保護者は隣接する大規模都市に通勤していて、賃貸マンションに住んでいる。以前は地元住民の子どもたちがほとんどだったが、今は地元出身の生徒は数えるほどしかいない。

生徒、保護者、教職員について

　多くの生徒は基本的な生活習慣が身についており、生徒指導上の問題もほとんどない。学習面では全国学力調査において、全国、県の平均を大きく上回っている。その要因としては学校の学力向上の取組に加えて、保護者の知的水準の高さと教育に対する関心の高さが上げられる。その一つの表れとして、進学塾に通う割合は高く、市内にいくつもの進学塾が進出してきている。

　3年生の進路決定に向けての三者面談では、塾の進学指導の結果をそのまま信用して、担任からの話を聞こうとしない保護者も見られる。また、生徒、保護者ともに成績には非常に敏感である。

　教職員は生徒が落ち着いていて、学力も高いので現状に満足している。

3学期修了式の日

　高橋校長は昨年度、光ヶ丘中学校に赴任した。校長として2校目である。専門教科は保健体育で、数校の教育困難校で熱心に生徒指導に取り組んできた経験を持っている。生徒指導の実践を買われて教頭になり校長に昇任した。校長1校目は小規模校で、生徒指導の問題が頻発する学校であったが、自ら陣頭指揮をとり、見事に生徒を落ち着かせて学校を立て直すことができた。その手法は、一部の生徒指導に力を発揮する教員を活用するというものだった。学校を立て直したことで高橋校長の指導力、行動力は高く評価されるようになった。

　光ヶ丘中学校への異動はその指導力、行動力を活かして、今まで以上に学力を向上させることを期待されてのことであった。

　高橋校長はその使命を果たすべく、今回も陣頭指揮のもとに授業改善に取り組んだが、教職員の意識を高めることができず、日常的な授業改善までには至らなかった。高橋校長は一つの目標に向かっていくときに、大規模校は難しいと思った。しかし、家庭の教育への関心の高さもあり、学力調査の結果はわずかながら伸ばすことができた。

　大きな問題もなく2年目の3学期の修了式を終えてほっとしたというのが本音であった。しかし、来年度は3年目で、光ヶ丘中学校での最後の年になるだろう。今まで以上に学力向上を推し進めていこうと決心した。

　2学年の先生たちも修了式を終えて、つかの間の休息に浸っていた。明日からは、指導要録の作成、学級編成などが待ち受けているからだ。職員室では、最後の学年懇親会に向けての話題で盛り上がったりしていた。部活動も17:00終了なので、先生たちは早めに学校を後にし始めた。そんな中に、2年7組の田中さんの母親から電話が入り、担任の渡辺先生が受けた。内容は、音楽の評価が納得できないので説明してもらいたいとのことだった。翌日、10:00に来校することになった。田中さんの保護者からは日頃、連絡などはなく、今回のようなことは初めてのことであった。

　保護者、生徒にとって通知表の評価・評定は、高等学校入学試験に際し、中学校から提出される調査書が重要な資料になることから、通常、非常に関心が高い。そのため、教育への関心が高い光ヶ丘中学校では、保護者から評価の説明を求められることはめずらしくなかった。学期終了後に何件かの問合せがあるのが普通だった。しかし

ながら、これまでは、問合せはあるものの特に問題になることはなかった。
　渡辺先生は教頭に報告した。教頭は高橋校長に報告した。しかしながら、校長は特に指示することもなく、教頭に「よろしく頼む」と言って帰宅したのだった。教頭は帰宅していた音楽担当の伊藤先生に連絡を取り、翌日は２人で対応することを確認した。伊藤先生は、50歳を目前にしたベテラン教員である。合唱の指導には定評があり生徒の評判も良かった。

大変なことに

　母親だけが来校すると思って待っていたが、別に暮らしている祖父も一緒だった。挨拶を交わす中で祖父は、孫の成長が生き甲斐であることや自分は元教員で、今でも教育に関心をもって勉強していることを話した。成績評価の説明は音楽担当の伊藤先生、教頭の２人で行った。

　教頭：「昨日、担任の渡辺から音楽の評価に納得されていないと伝え聞いていますが、具体的にどこでしょうか」
　母親：「なぜ音楽の評定が『５』でなくて『４』なのか納得がいきません。定期考査の点数は90点あるのですよ」
　伊藤：「それは、90点以上の生徒が多数いるので全員に『５』をつけるわけにはいかないのです」
　祖父：「それはおかしいではないか。相対評価で行っているのか」
　大きな声で、顔色を変えて食ってかかった。
　祖父：「この学校の評価はおかしい。校長に会わせろ」
　そう言って、校長室へ乗り込んでいった。校長室で話の続きがはじまった。
　祖父：「この中学校では、評価を相対評価で出しているのか。校長に尋ねたい。この先生は、90点以上の生徒が多数いるので、全員に『５』をつけるわけにはいかないといったのだが」
　校長：「そんなことはありません。目標に準拠した評価を行っているはずです」
　祖父：「『はずです』とはどういうことか。校長として把握していないのか」
　と大きな声を出した。
　校長：「そんなことはありません」
　校長は切れの悪い返事をした。

Case 04　校長先生、どうにかして下さい!!

祖父：「伊藤先生、説明を続けなさい」
　　　「まず観点別に説明して、どのように評定を出したのか説明しなさい」
　伊藤先生がしどろもどろになりながら説明をするなかで、祖父は評価の客観性のなさや曖昧さを次から次に指摘した。
祖父：「今の説明では、うちの孫の評定が『4』であることは納得できない」
　　　「また来るから、次はきちんと資料を用意して『4』であることを説明しなさい。納得するまで何度でも学校に来る」
と言い放って、校長室を後にした。

　高橋校長、教頭、伊藤先生の3人は無言で見送り、しばらく沈黙が続いた。その後、高橋校長が口を開いた。
校長：「伊藤先生、今度は納得させることができますか」
伊藤：「田中さんのおじいさんは恐ろしいです。自信がありません」
校長：「何とか説得してください」
　伊藤先生は重い足取りで校長室を後にした。

　その翌日も田中さんの祖父は来校した。伊藤先生は説明を行ったが、時々恫喝するような大きな声をだして威圧的な態度で、納得することはなかった。さらに加えて、次は英語の教科担任に説明を求めた。年度末で次年度の準備もあるのに、田中さんの教科担任はそれどころではなかった。いつ自分に説明を求められるのか戦々恐々として、新3学年に向けての準備に影響が出はじめた。

設問
問1　なぜ、このようなことになったのでしょう。
問2　あなたが高橋校長だったら、事態の収束に向けてこれからどうしますか。
問3　あなたが校長ならば、これから光ヶ丘中学校の学校経営をどうしますか。

Case 04 解説

校長先生、どうにかして下さい!!

出題者意図

　一般的に、通知表の評価・評定は、高等学校入学試験時に、中学校が提出する調査書が重要な資料になることから、保護者、生徒の関心が極めて高い。したがって、学校は保護者、生徒が納得する方法や手順で評価・評定し、説明を求められた時にはその責任を果たさなければならない。

　本ケースでは、上に示した説明責任について、今まで何事もなく済んでいたからという学校風土、学校組織運営上の問題から、なおざりにしていたことが招いたケースとして作成した。

　設問1では、この事態を招いた問題点を高橋校長、教頭、伊藤先生だけでなく、光ヶ丘中学校の教職員全体を含めて問うものである。学校風土、校長の学校経営、教頭を含めた教員の執務姿勢にまで視点を拡げて考えていただきたい。

　設問2では、今後どのようにすれば事態が収束して、落ち着いて教育活動が行えるかを問うものである。孫可愛さにエスカレートする田中さんの祖父をどのようにして説得し納得させていくのか、容易なことではないと想定されるが、校長として手立てを講じなくてはならない。

　設問3では、この事態を分析して学校の問題点を洗い出し、今後の学校づくりを問うものである。このような事態を二度と起こさないための対応はもちろんであるが、光ヶ丘中学校が組織として機能するための手立てを考えていただきたい。

　このケースに限らず、何も問題がないとの理由でなおざりにされていることがあるのではないか。そこには学校風土、学校経営ビジョンの欠落、さらに、学校組織運営上の問題もあるのではないかという視点をもってほしい。校長は、様々な情報が整理されて自分のもとに届くように、組織および連絡経路を整備して問題点を洗い出す。そして、校長のリーダーシップのもとに、それぞれの問題を分析して改善していかなければならない。

専門職基準との関係

専門職基準①とケースとの関係

専門基準①：学校の共有ビジョンの形成と具現化

下位項目：（1）情報の収集と現状の把握

様々な方法を用いて学校の実態（児童生徒の学習・生活、保護者・地域からの期待、地域社会の環境、これまでの経緯など）に関する情報を収集し、現状を把握する。

（2）校長としての学校のビジョンの形成

学校の実態と使命を踏まえつつ、共有ビジョンの形成を目指して、自分自身の見識に基づいて校長としての学校ビジョンを構想する。

（4）共有ビジョンの実現

学校の共有ビジョンを実現するためにカリキュラムおよび校内研修等の計画を具現化する。

専門職基準②とケースとの関係

専門基準②：教育活動の質を高めるための協力体制と風土づくり

下位項目：（4）教職員の意欲向上に基づく教育実践の推進

教職員が高い意欲をもって、より質の高い教育実践を協力して推進できるようにする。

専門職基準④とケースとの関係

専門基準④：諸資源の効果的な活用と危機管理

下位項目：（1）教育活動の質的向上を図るための実態把握

学校としてのビジョンの共有状況、教育活動の質、及び教職員の職能開発について、様々な方法を用いて絶えず実態を把握する。

（3）PDCAサイクルに基づく組織の諸活動のリード

諸資源を生かしながら、教育活動の質的改善及び教職員の職能開発などの諸活動が計画的・効果的に行われるように、計画（Plan）・実施（Do）・評価（Check）・改善（Action）のサイクルで組織全体の動きを創る。

> 回答例

問1　なぜ、このようなことになったのでしょう。
- 問題にならないからこのままで良いとする学校風土に加えて、緊急事態に対する学校組織が機能していないこと。
- 高橋校長の学校経営にビジョン、組織マネジメントがないこと。
- 伊藤先生を含めた各教員の教務事務としての成績評価に対する認識不足と責任感のなさ。
- 成績評価が各教員に任され、学校として評価の在り方が統一されていないこと。
- 成績評価に関する研修が実施されていないこと。
- 成績評価に関する問合せがあったときの校長の具体的な指示がないこと。

＜具体的には＞
- 成績補助簿の内容について教頭、教務主任のチェックが不充分だった。
- 教頭、教務主任に伊藤先生に対して説明の仕方を指導させていなかった。
- 保護者に説明する前に校長、教頭、教務の３人を前にして説明させるなどの準備ができていなかった。

問2　あなたが高橋校長だったら、事態収束に向けてこれからどうしますか。
- 教頭、教務主任から伊藤先生に対して説明の仕方を教授し、その後、校長、教頭、教務主任の３人の前で説明させて、観点別の評価の方法や観点別の評価をもとにした評定に客観性、妥当性があるかをチェックして指導を行う。その上で、校長、教頭、伊藤先生で田中さんの祖父宅へ訪問して説明を行う。
- 田中さんの祖父とじっくりと心を開いて話す中で、教育活動に影響が出ていることも伝えて納得してもらう。
- 教育委員会に相談して、指導主事に説明に入ってもらう。

問3　あなたが校長ならば、これから光ヶ丘中学校の学校経営をどうしますか。
【短期的】
- 成績評価に関する研修会を早急に実施し、学校として評価の在り方を統一する。
- この事案のように学校として対応すべきことが、その他にもなおざりになっていないか調べ、組織的に対応できる体制を整備する。

【中長期的】
- 学校経営ビジョンをはっきりと打ち出し、教員の共通理解を図り、現状に満足している教職員の意識を変える。
- 学校が組織として機能するようにラインスタッフを見直す。
- 機能する校務分掌組織への改編を行う。
- ミドルリーダーを育成し、指導力をもった主任主事をつくる。

MEMO

Comment

慶応義塾大学大学院
経営管理研究科

竹内　伸一

　高校入試を翌年に控えた孫の音楽の成績評定に、元教師だと言う祖父が不信感を抱き、評定への説明を求めて来校した。学校にとっての祖父の来訪は、まだ「種火」の段階であった。ここで学校が祖父に適切に説明でき、祖父が納得すれば、火はその場で消えてなくなるが、上手に消せないと周りに引火して、「大火事」になることがある。ケースに登場する中学校では、残念ながら延焼が始まっているようだ。

　消防士のように一人ひとりが常に高度な訓練を受けていて、高い消火技術を持っているのなら、安心して初期消火を任せられる。しかし、本ケースの音楽教諭のように、消火ホースをしっかりと握っていられない人間に初期消火を任せ切ってしまったのは、結果論ではあるが、学校の対応として不十分だったと言えるだろう。この問題を学校経営の枠組で検討するならば、自らの力不足から種火を消し損なった音楽教諭よりも、種火を完全消火することへの支援や監督を怠った校長以下管理職のほうが罪深い。

　成績評価に関するクレームへの対応は、「うるさい保護者への面倒な説明」ではなく、「危機対応」だと捉えたい。しかも、この種の危機は、短時間で完全に（できれば一発で）消失させなければならない。こうした緊張感が、校長をはじめ、管理職にも、一般教諭にも希薄だったことが、今回の火種を（それは確かに嫌な種火ではあったが）ここまで延焼させてしまった最大の要因である。

　しかし、少なくともこのケースにおいて、校長や教頭の偽らざる胸中は、「音楽教諭がもっとしっかりと対応してくれていれば」であろう。管理者としての自責の念がケースからはあまり伝わってこないのだが、そんなことでよいのだろうか。

　今日の学校現場において、成績評価への説明要求に限らず、学校経営を脅かしかね

Profile

慶應義塾大学大学院経営管理研究科（慶應義塾大学ビジネス・スクール）ケースメソッド授業法研究普及室特任准教授。ケースメソッド教育の普及と高度化に向け、教授法セミナーの開講、テキストの執筆、映像教材の制作、学校訪問などを行っている。論文では、歴史研究、事例研究を中心に、ケースメソッド教育の実践知見を紡ぎ出すよう努めている。

ない危機は多岐に渡っている。このとき、危機対応力を教諭個人の懐にどれだけ持たせるか。また、教諭個人を支援するために、あるいは教諭個人の対応限界を超えたときのために、学校組織の懐にどれだけ持たせるか。これは、外来する危機への対応力を、前線にいる教諭個人と後方でガードする学校組織がどのように持ち合うのがよいかという課題であり、組織の危機対応体制についての状況適応的な設計思想でもある。こうした発想が校長にあれば、学校の危機対応力は上向くものである。

　ケースに登場する校長は、前任校での実績は「小規模校だったことが幸いした」と、まずは謙虚に自覚すべきだ。その上で、学力水準の高い現任校では、生徒も保護者も総じて成績に敏感であることと、48人の教諭の足並みを揃えるには相応の時間が要るが、自らの任期もそう長くは残っていないことを客観的かつ総合的に認識すべきだ。こうした状況認識があれば、例えばではあるが、まずは管理職を中心に成績評価説明への組織的対応力を早急に高め、それを教諭個人に移転させていくというシナリオを構想できる。この状況下では、リーズナブルで現実的な対応方法のひとつだろう。

　ケース作成者が指摘するとおり、このケースから得られる教訓は、成績評価という枠組を超えてさまざまに応用が効くことから、本ケースは「好教材」と言える。
　今日もさしたる問題がなく無事に過ごせたのは、問題の芽は随所にあったのだが、それが問題として露呈することなく、環境の中で「うまく収まっていた」からに過ぎない。それは「たまたま収まっていた」のであり、組織に隙がなかったからではない。管理者のマネジメントへの過信は、こうした誤解に端を発している。事実、この学校でも、成績評定への説明力が磨かれていない音楽教諭と、元教諭で激高しやすい年長の保護者親族という不運な組み合わせが生じただけで、問題は簡単に顕在化した。
　学校という隙の多い現実社会で、問題が顔を出さずに「うまく収まっている」のは、校長を始めとするスクールリーダーの平常からの緊張感と、それに基づく行動習慣の賜物なのである。本ケースで議論した読者は、この種の問題が起こりにくく、起きても拡大しない学校経営像を探究するための、有意義な契機を得たのではないか。

Case 05

そんなに気に病むことはありませんよ

白浜中学校の概要

　白浜中学校は、各学年4学級、全校生徒392名、教職員数は23名の中規模の学校である。生徒は全体的にはおとなしく、教師から指示されたことには真面目に取り組むが、自分たちで考えて自主的に行動することは多くない。一方、各学年とも一部の生徒に生徒指導上の問題行動が見られ、全体がおとなしいだけにその生徒たちの行動が目立っている。学習面では前年度の全国学力・学習状況調査において、国語は県、市の平均をわずかに上回ったが、数学は県、市の平均を下回る結果であった。

　3月の定期人事異動で校長、教務主任、生徒指導主事、養護教諭、学級担任2名、合わせて6名が異動した。

二宮校長について

　二宮校長は、本年度4月、新任校長として白浜中学校に赴任してきた。熱血漢で、自ら積極的に行動する反面、生徒・教員に対しても厳しく指導するタイプである。40代後半で、2年間教務主任を務め、その後5年間を教頭、そして56歳になる本年度、校長に昇任し着任した。専門教科は社会科。

前任校長の原案と藤川先生の学年所属

　白浜中学校には二宮校長を含めて6名がこの4月に赴任してきた。
　着任前の3月末に、二宮校長は前任校長と業務の引き継ぎを行った。その際に、校内人事についての原案をもらった。教職員の情報についてやりとりする中で前任校長

は、「昨年度、第２学年の学級担任だった藤川先生の希望は第３学年なんですが、教科指導面からも生徒指導面からも、第３学年以外の学年の方がよいと考え、第１学年所属としています。このことも含めて校内人事については、昨年度の状況を把握している教頭先生と相談をして決定するとよいと思います」と言った。

藤川先生について

藤川先生は採用６年目の数学科教諭。これまで第１学年、第２学年と持ち上がってきた。人当たりが柔らかく温和な面がある一方、自尊心が強く何事も自力で解決していこうとする性格である。ただし、教職員全体の中では、自分から大きく前に出て発言することはない。

教頭、学年主任の話

教　　頭：「まず、藤川先生の数学の指導力にはやや課題があります。本人は第３学年を担当し、継続的に教科の指導を行っていきたいという希望のようですが、高校入試を控えた学年であり、確かな学力を身に付けさせなければならないことを考えると、第３学年所属は難しいと思います。また、昨年担任をしていたある男子生徒の保護者とはうまくいっておらず、その保護者からの電話が昼夜問わず頻繁にあったようです。内容は詳しく把握していませんが、生徒指導上の問題を１人で抱え込んでしまい、学年主任や生徒指導担当が間に入ったのはかなり後になってからだったと聞いています。教科指導面、生徒指導面、保護者対応の面などを総合的に考えると、やはり、本人の希望とは違いますが別の学年に所属してもらった方がよいと思います」

二宮校長：「わかりました。では藤川先生のことを、昨年度の第２学年主任の村田先生に聞いてから配置を決めましょう」

早速、二宮校長は村田先生を呼び、藤川先生の所属学年について意見を聞いた。

村田先生：「藤川先生は、ある男子生徒の保護者からの電話にかなり参っていました。昨年の６月に、ある男子生徒が、問題行動の見られる一部の生徒からあだ名を言われたり、からかわれたりして、少しの間不登校気味になっ

たことがありました。藤川先生も初めのうちは注意で済ませていたようですが、しばらく経っても収まらなかったため、それに耐えきれなくなった男子生徒が、体調不良を訴えて欠席がちになってしまったんです。このことを私が聞いたのがちょうどその頃。藤川先生が家庭訪問した時には、父親から『なぜうちの子が頻繁に陰口を言われるのか？』『本人が嫌がるあだ名で呼ばれていることをあなたは知っているのか？』『いったい指導はどうなっているのか？学級担任を変えられないのか？』『引っ越しも考えているがその際の転居費用は学校が負うべきだ』などということを２時間近く言われたそうです。ただ、こちらとしても初期対応がうまくいかなかったことから、全てが後手に回ってしまい、保護者に不信感を抱かせてしまったのは事実です。その後も頻繁に、その父親から学校や藤川先生の自宅にまで電話がかかるようになりました。問題行動の見られる生徒への指導の在り方や教科指導についてです。それが今年も続くと思うと、藤川先生としても耐えられないのではないでしょうか。さらに、私も藤川先生の教科指導については気になります。授業規律を守れない一部の生徒に対して徹底した指導ができず、周囲の生徒も次第にその影響を受けつつあります。藤川先生の希望も尊重したいのですが、藤川先生の心の負担を考えると、ここは思い切って第３学年以外の所属を考えた方がよいのではないかと思います」

　二宮校長は、（該当生徒が所属する学級以外であれば、その保護者とも直接関わることはないので第３学年所属でも大丈夫だろう。多くの保護者とトラブルがあったわけではないようだし…。しかし、教科指導面に課題があれば話は別だ。特に第３学年の生徒にはしっかりとした学力を身に付けさせたい。また、本人の心の負担を軽減させる意味でも、前任校長の原案通り第１学年に所属してもらうべきかもしれないな…）という考えから、前任校長が作成した原案通り藤川先生を第１学年学級担任とした。

第１回職員会議での藤川先生の表情

　４月１日の第１回職員会議で、二宮校長は校内人事を発表した。職員室全体に一瞬緊張が走ったが、その後は特に大きな反応はなかった。会議の間、二宮校長は藤川先生の反応を見ていた。しばらくは、校内人事表に目を落としたまま動かず、表情も強

ばったままであり、その後も、ため息をつく様子が何度か見られた。

藤川先生の授業

　4月、5月の間、二宮校長は、可能な限り授業を参観した。そんな中、気になるのはやはり藤川先生が担当する第1学年の数学の授業であった。入学間もない頃は、生徒も緊張して授業を受けていたが、5月頃になると始業チャイムと同時に授業が始まらないことが何度かあった。様子を見ていると、チャイム後に、藤川先生が慌てて教室にやってくるのである。授業の様子はといえば、藤川先生が一方的に説明し、生徒が問題を解いて終わるという授業展開であった。二宮校長は、藤川先生をたびたび校長室に呼び、教師が生徒の規範となる行動をとることと、数学の授業における改善点を熱心に伝えた。その間、藤川先生は二宮校長の話を終始黙って聞いていた。

父親からの電話

　6月初旬のある放課後、藤川先生に頻繁に電話をしていた父親から学校に電話があった。

父　　親：「学校はいったいどうしてくれるんだ。数日前からうちの子が『気分が悪いので学校に行けない』と言うので風邪でもひいたかと思い休ませた。ところが、様子が変なのでよく話を聞くと、同じクラスの生徒から昨年度つけられたあだ名をずっと言われ続けていて、それが嫌で学校に行きたくないということだ。昨年、藤川先生は『二度とあだ名は言わないようにみんなに話をする』と言ったじゃないか」

藤川先生：「確かにその通りです。ですから全体指導いたしました。また、本年度初めにも3年の学年集会の場で改めて指導したと聞きましたが…」

父　　親：「しかし、実際には昨年同様の問題が起きてるんだ。藤川先生と現在の学級担任に説明してもらいたい。いったいどんな指導を昨年からしてきたのかを聞きたい。だいたい、昨年の指導がよくなかったからこういうことになるんだ」

藤川先生：「……わかりました。これからご自宅に伺います」

　藤川先生は、本年度第3学年主任の村田先生にこのことを伝え、村田学年主任は二

宮校長に報告をした。藤川先生と現学級担任、生徒指導主事が家庭訪問し、昨年からの指導経過と今後の指導方針を保護者に伝えた。父親は憮然とした表情、母親は部屋から出てこない我が子の様子が気になり、席を外していた。

不登校、そして母親からの電話

　翌日、この件に関わった生徒への指導は生徒指導主事が行い、現学級担任がクラス全体の指導を行った結果、同様の問題はなくなった。男子生徒もしばらく登校できていた。
　しかし、6月の下旬から突然欠席がちになり、7月からは全く登校できなくなった。その間、村田学年主任と生徒指導主事、学年生徒指導担当、現学級担任は、家庭訪問、関係機関との連絡、保護者からの電話対応と忙しく動き回っていた。
　ある日の放課後、男子生徒の母親から藤川先生あてに泣きながら電話が入った。
藤川先生：「もしもし、藤川ですが」
母　　親：「藤川先生？藤川先生がうちの子を不登校にしてしまったんです…」
藤川先生：「…どういうことでしょうか…？」
母　　親：「中学生とはいえ、まだまだ子どもですから、相手の気持ちも深く考えずあだ名を言うことがあることもわかっています。だからこそ教師の指導が必要なんですよね？過ちを起こさない指導が必要なんですよね？あの時、藤川先生がもっと丁寧に指導してくれていたら…。それができないのなら別の先生に変わってくれていたら…。こんなことにはならなかったのに…。どうしてくれるんですか？どう責任をとってくれるんですか？」
藤川先生：「……申し訳ありません。なんと申してよいか…」
　と答えたとたん、ガチャンと電話が切れた。
　藤川先生から電話内容の報告を受けた村田学年主任は、すぐに生徒指導主事と二宮校長に報告をした。二宮校長は、藤川先生を校長室に呼び、「藤川先生、この件については第3学年で対応していくようになっています。藤川先生としては心に引っかかるとは思いますが、そんなに気に病むことはありませんよ」と伝えた。
　翌日から藤川先生は体調不良で年次有給休暇が続いた。

Case 05　そんなに気に病むことはありませんよ

設問

問1　二宮校長は、どの段階でどのように対応すべきだったと考えられますか。

問2　あなたが二宮校長だったら、この後どのように対処しますか。

問3　今後、このようなことが起こらないようにするためには、どうすればよいですか。

MEMO

Case 05 解説

そんなに気に病むことはありませんよ

出題者意図

　昨今、メンタルダウンしてしまう教職員が増加の一途をたどっている。一方では、教育課題が複雑化・多様化していることから、学校の組織的な課題解決力が必要不可欠である。

　本ケースは、校長が教師の資質・能力向上のため、あるいは心理的不安を取り除いて教育活動に専念できるようにと、よかれと思ってやったことすべてが裏目にでてしまった事例である。自分の所属学年が希望通りにはならなかったことからの疎外感、専門教科ではない校長から指導をたびたび受けることに対する不満、あるいは保護者からの電話がきっかけで、第3学年からも疎外されていると感じる教師に対して、校長はどのような手をうっていけばよいのかを考えていただくケースである。

　問1は、年度当初に校長がどのようなことに配慮すべきかを問うものである。校長としては、学校教育目標や重点目標を設定するまでに、当然のことながら昨年度までの自校の教育課題を捉えている。しかしそれは多分に大局的な把握であることも少なくない。ここでは、年度開始に当たり、各分掌における具体的な課題とその対応について掴んでおく必要があると考える。

　問2は、メンタルダウンした教職員への対応に加えて、教職員の健康状態の把握の在り方と不登校になった生徒への具体的な対策を考えていただくものである。

　問3は、教職員が互いの考えや思いを理解し合うために、校長としてどのようにすべきかを考えていただくものである。教職員の業務に対するモチベーション維持はもちろんではあるが、教職員としての資質・能力向上には組織的な対応が必要である。その組織を校長がいかに構築していくかを考えていただきたい。

専門職基準との関係

専門職基準③とケースとの関係
　専門職基準③：教職員の職能開発を支える協力体制と風土づくり

下位項目：（2）各教職員の理解と支援
　　　　　　　　教職員一人ひとりのキャリア、職務能力を的確に把握し、各自の課題意識や将来展望等について十分に理解し、支援する。
　　　　　（4）相互交流と省察を促す教職員集団の形成
　　　　　　　　教育実践のありようを相互交流しあい、協力して省察することができるような教職員集団を形成する。
　　　　　（5）教職員間の風土醸成
　　　　　　　　教職員の間に、協働、信頼、公正、公平の意識が定着するような風土を醸成する。

回答例

問1　二宮校長は、どの段階でどのように対応すべきだったと考えられますか。
- 赴任直後から始業式までの段階で、昨年度までの懸案事項を十分に把握し、教務主任を通じて各分掌主任に対応策を検討するように指示しておく。
- 4月初旬までに養護教諭や、教職員に対するカウンセラーから、生徒・教職員のメンタル的な相談についての情報を把握しておく。
- 生徒指導部に対して、始業式までに教育相談の実施時期や実施方法を十分に検討させ、教育相談活動が充実したものになるよう指示しておく。
- 数学の指導が気になった5月の段階で数学科主任と相談し、数学科主任から授業改善の具体的方策を指導するよう指示する。
- 日常的に教頭や教務主任と情報交換し、教職員の心身の状態や様子を把握しておく。

問2　あなたが二宮校長だったら、この後どのように対処しますか。
- 藤川先生との面談や今後のケアの方策等について、主治医や養護教諭と相談する。
- 可能であれば藤川先生との面談を行い、体調が不調になった要因の把握とその排除に努めることを伝える。
- 保護者と面談し、生徒指導の今後の方向性と方策を具体的に伝える。

- 教職員に対して、ストレス診断やメンタルに関するアンケート等を実施し、教職員の健康状態の把握に努める。

問3　今後、このようなことが起こらないようにするためには、どうすればよいですか。
- 報告、連絡、相談を迅速に行うことを徹底し、問題が発生した際は学年主任や分掌主任等が責任を持って対応していく。
- 校長が早い段階で教職員に対する面談を行う。
- 教職員のメンタルケアを十分に行う。
- 生徒の教育相談体制を整えるとともに、教育相談活動の充実を図る。

MEMO

Case 05 そんなに気に病むことはありませんよ

Comment

九州大学大学院
人間環境学研究院
元兼　正浩

　現場には殺し文句が蔓延している。「そんなに気に病むことはない」というズレた声のかけ方は相手の思いを聴きだすチャンスを自ら摘み取る一方通行の慰めの言葉となった。NGワードはこればかりではない。決めつけ・思い込み・言い訳が初期対応を遅らせ、判断を誤らせる。本文中には<u>「内容は詳しく把握していませんが、…と聞いています」</u>といった状況把握が明らかに不足している教頭の物言いも見受けられる。NGワード「…のはずです」と同様、風通しのよくない組織のあらわれである。
　この熱血漢の二宮校長はどうやら根回しとかいわゆる「寝技」が得意でないらしい。日本語の語感ほど「根回し」は悪い言葉ではない。人事の話はしないにしても、なぜ事前に本人と直接話をしていないのか、なぜ4月1日の職員会議で発表した後にでもため息をついている藤川先生を掴まえて期待を伝えなかったのか。そして自尊心の高いこの教諭のプライドを傷つけるような一方的な改善指導を行ったのか。その一つ、一つに特段の配慮が感じられない。この独り善がりな校長の行動がけっきょく最後の殺し文句として端的に表れてしまった。
　課題は校長ばかりにあるのではない。この学校の「組織」も十分に機能していない。落ち着いた中規模学校とはいえ、校長はじめコア人材が6名も異動している危機の中、前任の校長から「マイナス情報」の引継がどこまで詳細に行われたかは疑問である。残留組として昨年度をよく知っている教頭こそがキーパーソンなのに動いていない。学年主任の村田先生も他人事感がある。なぜ、藤川先生を前面に立ててしまっており、自宅にまで電話がかかっていることを放置して、年度が変わっても前面に出ているのか。「すぐとべ」が鉄則なのに、なぜ家庭訪問が遅れたのか…等々。この学校の組織風土を吟味・検討し、体質改善を図らない限り、第二、第三の問題が起きるだろう。

Profile

　九州大学大学院教授、博士（教育学）。昭和40年福岡県北九州市生まれ。九州大学助手、福岡教育大学助教授を経て現職。専攻は教育法制。反面教師ならぬ「反面校長」として校長人事を研究していたが、社会のニーズに対応するうちに、スクールリーダーの力量開発に手を染めることとなる。現在、日本教育経営学会実践推進委員長を務める。「記憶と記録を残す」生き方をモットーとする。

Case 06

まさか、こんなことに

A小学校の状況

　A小学校は、市の周辺部に位置する中規模の学校である。古くからの伝統があり、地域とのつながりも密である。また、保護者の多くは教育に対する関心が高く、参観日の出席率は高い状況を維持している。

　教職員の約半数は、40代から50代のいわゆるベテラン教員で、各分掌の主任は、そのベテランの先生方が務めている。教職員間の状況は、学年主任を中心に学年ごとにまとまっており、学校行事や校内研究に対しては、各学年を単位として協力的な雰囲気が窺える。また、ベテランの女性教員は学年に関係なく湯茶室で情報交換を行う姿も見られる。ただ、若手の先生の中には相談できる相手が少なく、気軽に自分の意見を言うことを躊躇している教員もいる。

B校長の赴任

　B校長は、本年度A小学校に赴任してきた。校長としては2校目である。前任校は、小規模校で家族的な雰囲気があり、全員で全校児童を見守り、一人一人を大切に育てる教育を行ってきた。A小学校においては、経営の基本方針を「認め・励ます姿勢で子どもに寄り添い、子どもが安心して生活できる環境の中で『自ら学ぶ子』『思いやりのある子』『進んで体を鍛える子』の育成を図り、地域から信頼される教育活動を推進する」と設定し、教職員自らが子どものためにできることを考え、実践する教育を展開したいと願っていた。また、校長は各学年の授業を観察し、指導状況を把握するように努めた。学校全体としては大きな問題は見当たらなかったが、基本的な学習習慣が充分に身についていない学年も見受けられた。校長は、ベテランの教員が多い

ので、5月の連休が終われば、次第に落ち着いてくるのではないかと考えた。

3年3組の状況

　2ヶ月が過ぎ、各学年の教育活動が充実してきた頃、校長がふと職員室をのぞくと、教頭と教務主任が、小声で話をしていた。この二人が相談する姿は珍しくないので、重要な案件であれば教頭から報告があるだろうと思い、その時は声をかけなかった。

　翌週の企画委員会終了後、教頭がＣ先生の学級のことで報告に来た。
　Ｃ先生は、本年度赴任してきた40代後半の女性教諭で、3年3組の担任をしている。校長は、Ｃ先生に対して、物静かで真面目な教員という印象を持っていた。3学年の学年主任は、同じく40代後半の女性教諭Ｅ先生である。Ｅ先生は本校3年目で、中学年の経験が長く、本年度から学年主任をしており、3年1組の担任でもある。なお、3年2組は、採用3年目の20代の女性教諭が担任している。
　校長は、定期的に授業の様子を見て回る中で、3年3組は私語が多く気にはなっていた。ただ、最近は出張が多く、各学級の状況を把握する機会が少なかった。

教頭「3年3組のＨ君の保護者から、Ｆ先生に3年3組のことで相談があったそうです。Ｆ先生は、昨年度の担任でしたが、現在は他の学年なので、私に報告がありました」
校長「学年主任のＥ先生からは？」
教頭「Ｅ先生からは、報告や相談はありません。Ｆ先生によると、3年3組は騒々しいときがあり、最近はその頻度が増してきているそうで、授業が成立しているのかとＨ君の保護者は心配されているようです。そこで、教務主任と分担して3組の授業の様子を観察しました。確かに、3組ではＣ先生の指示を聞かず、好き勝手に行動している児童がいて、心配な状況です。これは、教務主任も同じ意見でした。このままだと…」
校長「学級崩壊ですか」
教頭「はい。可能性はあると思います」
校長「私も気にはなっていたのですが、他の保護者から何か反応はありましたか」
教頭「いえ。Ｆ先生には、他の保護者からの相談は来ていないそうです。ＰＴＡの

役員からも、この件に関して私には何も情報は入ってきていません」
　校長「そうですか。もう少し３組の状況を把握して、早急に対応策を検討しましょう」

　教頭が退室した後、Ｂ校長は、Ｃ先生の前任校の校長に電話をかけ、Ｃ先生に関する情報を求めた。前任校の校長からは、「Ｃ先生は、自分が赴任したときから少人数指導を担当していた。多少、指導に弱いところがあるので、学級担任より少人数指導が適任ではないかと聞いていたが、純朴な児童が多い本校で、しかも少人数指導でもあり、特に問題になることはなかった。保護者から相談等が寄せられたこともない。少人数指導においては、個別指導を中心に授業を進めることが多かった」といった内容の情報提供があった。

　翌日、校長は、それとなく３年３組の様子を観察した。Ｃ先生が作業を指示した後、作業中にもかかわらず後ろを向いて私語をしたり、離席してゴミを捨てに行ったりする児童が見られ、以前よりも状況は悪化しているように感じられた。
　そこで校長は、今後の対応について教頭と協議し、まずは、学年主任のＥ先生に今回の件を伝え、Ｃ先生の指導や学年の状況を聞くことにした。その後、教頭に呼ばれて校長室に来たＥ先生によると、３組は学年集会の時など静かになるまでに時間がかかったり、給食の配膳中に教室が騒がしかったりしていたそうである。しかし、Ｅ先生が注意をすると児童は聞き入れるし、Ｃ先生自身が学級のことで悩みを相談することはなかったので、Ｃ先生へ助言することは躊躇していたとのことであった。校長は、自分がＣ先生に指導を行うことを伝え、Ｅ先生も指導の改善に向けてＣ先生を支援して欲しいと伝えた。

Ｃ先生への指導

　翌日の放課後、校長はＣ先生を校長室に呼んだ。
　校　長「いつも熱心に子どもたちを指導していただき、ありがとうございます。新年度が始まって２ヶ月が経ちましたが、３組の子どもたちの様子はいかがですか」
　Ｃ先生「ええ、男子に元気な子が多いです。明るくてにぎやかな子どもたちだと思

Case 06　まさか、こんなことに

校　　長「そうですね。私も、今まで各学級の様子を観察してきました。先生がおっしゃる通り、3組は元気なお子さんが多いようですが、何かお困りのことはないですか」
C先生「どういうことでしょうか」
校　　長「先日も、授業中に数名の子が私語や離席しているのを見かけました。あのような状況であれば、授業に支障がでているのではないかと思いまして」
C先生「そういうことをする子はいますが、きちんと学習している子もいます。確かに元気の良すぎる子はいますが、授業は年間指導計画通りに進んでいるので、そんなに大きな問題ではないと思いますが」

　このままでは改善点が見い出せないと判断した校長は、H君の名前は伏せて、保護者から相談があったことを伝えた。そして、今の状況を放置しておくと学級崩壊につながること、そのためにはまず、私語や離席をやめさせることから始める必要があることを指導した。終始、うつむいて聞いていたC先生は、「分かりました。校長先生のおっしゃるように指導してみます」と返答した。現在の学級の状況からすると、改善する必要があることを理解してくれたと感じた校長は、最後に、学年主任にも協力依頼をしておくことを約束し、何でも相談してきて欲しいとC先生に伝えた。

　それから校長は、定期的に3組の様子を観察した。C先生は、指導されたとおり、私語をしている児童に注意をしている姿が見られた。しかし、注意をしている間に他の児童が私語を始めるなど、状況が改善されてきたとは思えなかった。
　そこで今度は教務主任を交えて、教頭及び学年主任のE先生と今後のことを協議した。教務主任は、本校で5年間、教務と理科専科を務め、周囲の教職員も認める緻密な仕事ぶりで信頼が厚い教員であった。協議の中で、教務主任が空き時間に3年3組の補助に入ってはどうかという提案がなされた。すると、現状からして他に対応策は見当たらないという結論で落ち着いた。
　その後、教務主任によるサポートの件について、校長室でC先生との話合いが行われた。校長が3組の現状を整理し、サポートが必要だと判断した経緯を説明した後、C先生の考えを求めた。C先生は、「教務主任が入ればTTの授業になるので、教務主任にT1をしてもらいたい。そうすれば、T2の自分が指導の仕方を見て学ぶこと

もできる」という内容の意見を述べた。これに対し校長は、担任はC先生なのでそれは望ましくないと答え、教頭も同じ考えを述べた。続いて教務主任とE先生が、「授業については事前に打合せを行う。困っていることがあれば相談にのりサポートを行う」という内容の発言を行った。それを聞いたC先生はサポートの件を了承し、教務主任が補助に入ることになった。

　翌日から教務主任は、補助に入る授業に関して事前に大まかな進め方やポイントを提案した。E先生に対しては、機会を見つけては気になる児童の様子を聞き、個別の指導の仕方を伝えた。校長が見ている限り、教務主任が補助に入っているときは、授業が成立しているように見受けられた。校長は、これで落ち着いてくれればと思いながら夏季休業を迎えた。

予期せぬ展開

　夏季休業に入り、校長は、ある出張先で久しぶりにG先生に会った。G先生は、校長が学年主任をしていた頃の同僚で、それ以来、胸襟を開いて話し合える関係であった。そこで校長は、G先生から思いがけない言葉を聞くこととなった。
　G先生「あの。実は、他校の先生から聞いた話ですが。C先生が、知り合いの先生にいろいろと相談しているそうです。A小学校で校長と複数の先生からパワハラを受けていると」
　それを聞いた校長は、何も言葉が出なかった。
　校長が学校に戻ると、すぐに教頭が報告に来た。C先生から、どうにも気分がすぐれないので、数日休みをもらいたいという連絡があったということだった。校長は、C先生へ電話しようとしたが、G先生の話が思い出され、受話器へ伸びた手を止めてしまった。

設問
- **問1** C先生は、なぜパワハラを受けていると感じたのでしょう。
- **問2** 2学期に向けて、校長としてどのような手立てが必要ですか。

Case 06　まさか、こんなことに

MEMO

Case 06 解説

まさか、こんなことに

出題者意図

　本ケースは、指導力に不安をかかえる学級担任に対して、校長として指導を行うとともに、その担任を支援する体制を整えようとしたが、結果として校長の意図が十分に伝わらなかった事例を取り上げたものである。

　望ましくない状態の学級に対して、その対応が後手に回ると、その後の対応の仕方が難しくなるとともに、より大きな労力が必要となる。さらに、教職員の指導を行う際は、共感できる関係をつくった上で指導を行うことも大切である。このケースでは、そのような状況における適切な対応について考えることをねらっている。

　また、教職員集団を目標達成に向けた組織体として成長させていく視点に立つと、教職員が互いを信頼し、日頃から交流、協働できる風土を醸成することも求められる。このケースは、教職員同士の人間関係や教職員相互の交流の状態を把握し、教職員間に信頼、協働の意識を定着させるための長期的な手立てを検討する側面も兼ね備えている。

　設問1は、C教諭に対して行った指導や支援について問うものである。新年度は学校全体が多忙で、コミュニケーションをとる機会が少ない。また、転入してきた教職員の場合は、指導力等に関する情報が少ない。そこで、各学級の様子や教職員の指導力を把握し、思わしくない状況の学級があれば、早期に改善策を講じる必要がある。そして、直接担任に指導を行う場面では、まず相手の理解や納得を得ることも大切である。収集した情報を基にして、話合いの内容、段階、相互理解をどのように工夫するのか考えていただきたい。

　設問2は、校長の指導の意図が伝わっていない状況において、今後は、早急にC教諭との関係を修復することが不可欠となる。そして、3年3組の状況改善に向けた対応も喫緊の課題であるが、それにはC教諭との関係改善が大きく関わってくる。また、今後は、教職員間に相互交流や信頼、協働の関係を築くための職場風土づくりの取組も必要となる。短期的及び中・長期的な視点からどのような手立てを取るべきか考えていただきたい。

専門職基準との関係

専門職基準③とケースとの関係

専門職基準③：教職員の職能開発を支える協力体制と風土づくり

下位項目：（2）各教職員の理解と支援

教職員一人ひとりのキャリア、職務能力を的確に把握し、各自の課題意識や将来展望等について十分に理解し、支援する。

（4）相互交流と省察を促す教職員集団の形成

教育実践のありようを相互交流しあい、協力して省察することができるような教職員集団を形成する。

（5）教職員間の風土醸成

教職員の間に、協働、信頼、公正、公平の意識が定着するような風土を醸成する。

専門職基準④とケースとの関係

専門職基準④：諸資源の効果的な活用と危機管理

下位項目：（1）教育活動の質的向上を図るための実態把握

学校としてのビジョンの共有状況、教育活動の質、及び教職員の職能開発について、様々な方法を用いて絶えず実態を把握する。

回答例

問1　C先生は、なぜパワハラを受けていると感じたのでしょう。

- C先生は、3年3組の現状に問題があると自覚できないままに、改善への手立てを要求されたと感じている。
- C先生の要望は却下された上に、学校（校長）の方針によりTTの指導を行うことになったと受け止めている。
- 教務主任や学年主任とE先生との信頼関係がないままに、一方的な指導を何回も受けたと感じている。
- 職場内に相談できる同僚がいないため、学級の問題を認識したり、学校（校長）

の意図を多面的に考えたりする機会がなかった。

問2　2学期に向けて、校長としてどのような手立てが必要ですか。
- 今までのＣ先生の努力を認めるとともに、現在のＣ先生の心情を受け止める。
- Ｃ先生の考えを受け入れ、共感した上で、校長の学校経営に理解を求める。
- 教頭、教務主任やＥ先生とも課題を共有し、今後はＣ先生の考えを十分に聞き、それを尊重しながら支援することで、Ｃ先生が安心して学習指導に臨むことができるようにする。
- 問題を一人で抱え込む教職員が出ないように、学年会においては、週計画や行事の検討を行うだけでなく、学級経営や指導方法に関する悩みを話し合える雰囲気づくりを学年主任に指示する。
- 管理職自らが、意図的に若手の教職員に考えを求めたり、考えを受け止めたりする姿勢を見せることで、気軽に相談し合える職場風土を培う。
- 各学級の様子が管理職や他の教職員に伝わるような、情報のやりとりができる'風通しの良い'体制づくりに努める。

MEMO

Comment

兵庫教育大学大学院
教育実践高度化専攻

浅野　良一

　本事例は、学校における管理職と教員とのコミュニケーションの問題である。経営におけるコミュニケーションには、大きく3つある。第1は、学校目標や方針等を周知する「組織レベルのコミュニケーション」、第2は、管理職として、教員に対する指示や期待・要望の伝達、あるいは教職員からの報連相の「マネジメントレベルのコミュニケーション」、そして第3は、対面場面での対話や傾聴等の「対人レベルのコミュニケーション」である。

　この枠組みから本事例を考えると、校長は、年度の学校経営方針において、目指す子ども像に加えて、教員の指導方針を打ち出すべきであったと思う。特に、学級経営への指導方針として、「学級観察による指導状況の把握⇒定期的な意見交換」等、校長の教員に対する積極的な関与の意思が伝わっていない。つまり、校長からの「組織レベルのコミュニケーション」が不完全な状態であった。

　学級経営のスタート時は、ベテラン教員でも不安である。早い時期での個別面談はできなかったのだろうか。教員評価の目標設定の面談ではどうだったのだろうか。「マネジメントレベルのコミュニケーション」も機能していない。そして、本事案が発生する。教諭は、校長の経営方針や指導方針を理解していない状態で、面談を重ねるにつれて、尋問のように感じるに至った。

　コミュニケーションには、「状況の関所」「論理の関所」「感情の関所」の3つがあるが、本事例は、全てが該当する。これまで、小規模校の校長として、教員との'あうんの呼吸'による学校運営ができたのかもしれないが、ある程度の規模の学校では、3つのレベルコミュニケーションを過不足なく実践することが求められる。したがって、本事例は、教職員の育成を切り口とした学校経営の事例ととらえたい。

Profile

　東北大学教育学部卒業後、民間企業を経て、1986年産業能率大学入職。HRMセンター長、経営管理研究所主任研究員を経て、2007年から現職。専門は、組織マネジメント、人事管理・人材育成。著作には、「ステップアップ学校組織マネジメント（共著）」（第一法規）、「学校のニューリーダーを育てる（共著）」（学事出版）「OJTの効果的な進め方」（教育開発研究所）等。

Case 07

校長先生、どうしますか?
~「新たな職」を機能させる組織づくり~

　佐山校長は、郡部の小規模な高校の校長を3年間経験したのち、異動により市内の三浦高校の校長として赴任してきた。前任校は統廃合予定の全校生徒230人の小規模校であったが、入学者数が減少していく状況のなか、佐山校長はリーダーシップを発揮し、教職員の協働意識を高め、業務の改善や新しい企画を打ち出していった。その結果、学校内に活気が溢れ、生徒の問題行動が減少し、部活動での活躍も目立つようになり、入学者は増加に転じた。このような業績が認められたのか、周囲からは異例ともみられる今回の異動であった。

異動したのは大規模進学校

　三浦高校は、創立37年、1学年普通科10クラス、全校生徒1,150人の、市内でも有数の進学校で敷地も広く、3階建ての校舎が何棟も並び、大規模校そのものであった。さらに、ここ10年間は進学実績も毎年順調に伸び続け、ほとんどの生徒が国公立大学に進学するなど周囲からも高く評価されており、今後も進学実績は落とせない状況にあった。
　佐山校長は、3月末、異動に伴う引き継ぎのため三浦高校を訪れた。堂々たる正門や大きな校舎に、佐山校長は巨大な組織体が目の前にあることを実感し、不安の中にも新たな挑戦への希望に燃えていた。笑顔で出迎えたのは有田副校長。行政経験をしたのち、現場復帰して2年目である。今回の管理職の異動は校長、教頭の2人の転入であった。同時に赴任してきた伊東教頭は学年主任の経験も豊富で、新しい取組を実践するなど、これまでの実績を買われての教頭昇進であった。また、伊東教頭とは以前に同じ学校に勤務したこともあったので、佐山校長にとっては心強い存在であった。
　一方、現任の校長は、校長職から行政職に入り、その後、58歳で三浦高校に赴任し、

今年度末で退職を迎える大物校長であった。三浦高校は、実際上はこの校長の存在で組織が動いていたと言っても過言ではなかった。

　緊張しながら、引き継ぎを終えた佐山校長は、この学校で校長として、「自分の持ち味を発揮すれば大丈夫」と自分自身を勇気づけ、学校を後にしたのだった。

学校改革の提案

　4月1日（月曜日）、緊張のなか、朝のミーティングが始まった。佐山校長、有田副校長、伊東教頭、鈴木事務長、西田主幹教諭の5人が校長室でテーブルを囲んだ。佐山校長にとって、副校長や主幹教諭といった新しい職階による組織運営は初めてであった。ミーティング後は、運営委員会、職員会議と目白押しであったが、佐山校長は、今日は挨拶と学校経営方針の所信表明にとどめ、あとは有田副校長に任せることにした。伊東教頭はというと、これまでの学校との違いに戸惑いながら、ミーティングの内容を漏らさないようにメモをとっていた。

　そして始まった運営委員会。有田副校長は、佐山校長の着任の挨拶が終わると司会進行を務めた。年度当初で連絡事項も多く、予定の時間では終わらせることができなかった。続く職員会議も同様であった。この状況をみていた佐山校長は、有田副校長の旧態依然としたやり方に改善の必要性を持ったのであった。

　4月5日（金曜日）、佐山校長は、三浦高校の教職員が、進学実績をあげるために、早朝から夜遅くまで残って仕事をしている状況を改善しようと、前任校でも取り組んだ学校改革を推進していくことを決めた。まずは、教職員がゆとりをもって仕事をするための時間の確保を目標に設定した。具体的なプランとして、①運営委員会の開催を毎週から月1回の実施、②職員会議の回数減と時間短縮、③朝礼を毎朝から週1回の実施へと変更することにし、この学校改革案を職員会議で話した。この前日、佐山校長は、副校長、教頭、事務長、主幹教諭にこの改革案を提案し、伊東教頭をリーダーとして実行に移すことに同意を得ていた。

　職員会議では、朝礼の回数が減ったときの連絡手段について質問が出たが、表だって反対意見は出なかった。ところで、西田主幹教諭は、三浦高校出身で、教員に採用後の2校目として赴任し、それから勤続14年の40歳である。進路指導主事からの内部昇格で、現在の進学実績をつくったのは彼の業績でもあり、この学校を熟知していて、教職員にも自由に指導や発言ができることから、この学校には良くも悪くも無く

てはならない存在になっていた。当然のごとく、前校長も絶大な信頼をおき、頼りにしていた。実は、この西田主幹教諭は、今回の改革で朝礼の回数が減ることには同意できなかった。そこで、彼は有田副校長へそのことを話した。「朝礼では学年の連絡も毎日必要です。特に３年生は担任への進路関係の連絡がありますよ。他の教職員にも聞いてみましたが、『学校改革というけれど、これまでよりも不便になりそう。今でも忙しいのに、新しいことにかかわっている余裕なんてない。進路実績にも影響する』など、反対の意見が多いですよ」と伝えた。有田副校長は、言葉にさえ出さなかったが、同意の表情を示しながらも「しばらく様子をみて、校長に話をしてみるか」と返した。

改革で孤立した教頭

　変化が起きたのは５月に入ってからである。伊東教頭は、なんとなく浮かない表情で毎日を送っていた。有田副校長と西田主幹教諭は、進路指導室等でたびたび話を交わしていた。西田主幹教諭、有田副校長、伊東教頭３人の机は職員室にこの順で隣り合って並んでいる。有田副校長、西田主幹教諭は以前からの勤務でもあり、２人の仲が良いことで、伊東教頭は疎外感を感じるようになっていた。伊東教頭は、校長が提案した学校改革を推進し、目指す学校像が全教職員の共有ビジョンとして形成されることを第一と考え、自分に与えられた重要な役割と認識していた。

　ある朝のミーティングで、校長は「伊東教頭、推進プランはどうなっている。昨年度までを知っている有田副校長や西田主幹に早く相談して、進めてもらいたい」と指示をした。伊東教頭は、「頑張ります」と力なく答えた。２人とはぎくしゃくした関係で思うように進まないことを口には出せなかった。しばらくして、話題が変わり、生徒の指導についての話し合いを持っていたときのことである。悩みの種を持つ伊東教頭は、自分から発言する元気もなく、みんなの意見を聞いていたが、徐々に右足が震えだし、吐き気すら覚えてきた。その後も気分は次第に悪くなるばかりで、両足がガクガクと震えるまでになった。なんとかミーティングを終えたが、気分は最悪の状態に陥り、「風邪みたいで体調が悪くなった」と年休をとって帰宅した。原因は精神的なものからであった。病院に行き、ストレスからくる症状を緩和する薬を処方してもらった。翌日から勤務についたが、隣の有田副校長、西田主幹教諭は、風邪の症状を心配するのみで、他に原因があることなど思いもしていなかった。佐山校長も、「風

邪を治さないといけないね」と声をかけ、伊東教頭に次の改革の仕事を預けた。
　それからというもの、有田副校長は、前にも増して西田主幹教諭と2人きりで話をする機会が多くなり、もともと明るい性格の伊東教頭は、元気がなく淡々と仕事をこなす教頭に変わっていった。

どうなる三浦高校

　あるとき、鈴木事務長は、伊東教頭に「大丈夫ですか？あれからずっと元気ないですけど、何かあったのですか」と聞いてきた。伊東教頭は思い切って、事務長に悩みを打ち明けたのだった。すると事務長は、「この学校のこれまでの組織体制や人間関係を重視し過ぎてはいないですか。校長にアドバイスを求めたらどうでしょう」と返してくれた。翌日から事務長はよく声掛けをしてくれるようになり、伊東教頭のよき理解者となった。それから毎朝早く、2人は事務室で話をするようになった。「どこから手をつけていったらうまく進むだろうね」と一緒に考えてくれた。伊東教頭は、鈴木事務長に助けられた。そして先生たちの中には、改革に同意し期待している先生、反対に、改革に伴う新たな困難に反発をする先生がいることも教えてくれた。「同じ思いをしている教職員もいますよ。みんなのために一緒にがんばりましょう」と励ましてくれた。
　しかし、その後も伊東教頭の前任校での強みはなかなか生かされることなく、自分を守るのが精一杯の業務姿勢へと変わっていった。もちろん、有田副校長、西田主幹教諭は、そのことに気づくでもなく、今年度の進学実績を上げるために専心する日々であった。その陰で、不登校の対応にとめどなく時間を割かれ、十分な教材研究ができない担任、遅くまで事務作業に追われる先生たちの姿があった。

設問

問1 佐山校長が学校改革を提案したことで、伊東教頭が体調を崩すまでになったのはどういう状況からでしょうか。

問2 佐山校長は、今後、校長として「新たな職」をいかに機能させ、学校改革をすすめていくとよいでしょうか。

Case 07
解説

校長先生、どうしますか？
~「新たな職」を機能させる組織づくり~

出題者意図

　本ケースは、副校長や主幹教諭という「新たな職」を、校長がいかに機能させ、学校改革を推進するかという設定で、効果的な職務遂行ができる組織運営についての考察を促すものである。自らが学校改革に着手すると仮定して具体的にイメージして考えていただきたい。

　赴任した校長にとって、新しい学校の教育目標を設定することは重要な職務である。その際の要点として、前年度までの課題点について的確に把握しているか、自らの教育理念を示しつつ学校の課題解決に係わる重点目標を取り入れ、具体的なプランを立てているか、などが挙げられる。さらに、学校の教育ビジョンや課題に応じて学校組織の再編成が必要で、副校長、教頭、主幹教諭の職階を機能させ、主任主事、学年主任等に適切な指示を出し、組織を活性化させるなかで協働の風土を醸成させることが重要である。副校長がいる学校においては、校長が自らのビジョンをもとに、副校長に主体的に教頭や主幹教諭、ときには主任主事と調整を図らせ、最終的には共有ビジョンとして完成させる。

　改革を進めるにあたり、校長が確固たる教育理念に基づいて学校経営方針や教育目標を示し、教職員全体から高い信頼を得ながら、その方向にまとめ動かしていく過程に校長としてのリーダーシップが見られる。さらに、地域との連携という観点からも、学校の実態や課題について保護者・地域の意見等も考慮して、短期・長期的なスパンで把握することが肝要である。

　設問1は、佐山校長が学校改革について提案したが、ビジョンの形成と具現化、関係者を巻き込んだ共有ビジョンが形成されていたかが検討事項になるであろう。教育目標の達成に向けて新たな職階の機能を生かしていたか、他の教職員と同様の扱いで学校改革を進めようとしたことはないのか、改革を担当させた伊東教頭に対して可能な限りのフォローアップを行っていたのか、これらの視点での協働体制を問うものである。

　設問2は、新たな取組を拒む副校長、主幹教諭ラインの組織体制を見直し、共通理

解が得られるビジョンへと見直すことが必要なのではないだろうか。そして、大規模進学校を改革するという計画に対して、教職員の協力体制と風土づくりが充分であったのか、それらの検証と今後の対応を問うものである。

専門職基準との関係

専門職基準①とケースとの関係

専門職基準①：学校の共有ビジョンの形成と具現化

下位項目：（１）情報の収集と現状の把握
様々な方法を用いて学校の実態（児童生徒の学習・生活、保護者・地域からの期待、地域社会の環境、これまでの経緯など）に関する情報を収集し、現状を把握する。

（２）校長としての学校のビジョンの形成
学校の実態と使命を踏まえつつ、共有ビジョンの形成を目指して、自分自身の見識に基づいて校長としての学校ビジョンを構想する。

（３）関係者を巻き込んだ共有ビジョンの形成
校長は学校の実態と使命を踏まえつつ、すべての教職員、児童生徒、保護者、および地域住民等を巻き込みながら学校の共有ビジョンを形成し明示する。

専門職基準③とケースとの関係

専門職基準③：教職員の職能開発を支える協力体制と風土づくり

下位項目：（１）教職員の職能成長が改善につながることの自覚
すべての教職員の職能成長を図ることが、あらゆる児童生徒の教育活動の改善につながるということを明確に自覚する。

（２）各教職員の理解と支援
教職員一人ひとりのキャリア、職務能力を的確に把握し、各自の課題意識や将来展望等について十分に理解し、支援する。

（３）共有ビジョン実現のための教職員のリード
学校の共有ビジョンの実現のために、一人ひとりの職能開発と

学校としての教育課題の解決を促すための研修計画を立案するよう教職員をリードする。
(4) 相互交流と省察を促す教職員集団の形成
教育実践のありようを相互交流しあい、協力して省察することができるような教職員集団を形成する。

専門職基準④とケースとの関係

専門職基準④：諸資源の効果的な活用と危機管理
下位項目：(1) 教育活動の質的向上を図るための実態把握
学校としてのビジョンの共有状況、教育活動の質、及び教職員の職能開発について、様々な方法を用いて絶えず実態を把握する。
(2) 学校の共有ビジョンの実現に必要な諸資源の把握とその調達
学校の共有ビジョンを実現するためにどのような人的・物的・財政的・情報的な資源が必要かを考え、必要に応じて学校外部に働きをかけてそれらを調達する。

専門職基準⑥とケースとの関係

専門職基準⑥：倫理規範とリーダーシップ
下位項目：(2) 説得力をもった明確な意思の伝達
自らの豊かな教育経験と広い視野に基づいて、児童生徒の最善の利益を優先しながら、校長自身の意志をあらゆる立場の人に対して説得力をもって明確に伝える。

回答例

問1　佐山校長が学校改革を提案したことで、伊東教頭が体調を崩すまでになったのはどういう状況からでしょうか。
- 佐山校長が、以前からいる副校長、主幹教諭の十分な合意を得ないままに、前任校で成功した学校改革プランをもとに、三浦高校の改革プランとして提示した。

Case 07 校長先生、どうしますか？

- 学校改革で目指すビジョンを共有できていなかった。
- 佐山校長が日頃から伊東教頭の状況を十分把握せず、適切な指示を欠き、校長としてのメンタルケアを怠った。
- 佐山校長が「新たな職」が機能するような役割分担を後回しにした。
- 有田副校長が、校長が示した学校改革の背景や趣旨を充分に理解せず、さらに、校長の学校運営を補佐するという副校長としての職務を履行せず、西田主幹教諭に適切な指示を出せなかった。
- 伊東教頭は、以前同勤していた佐山校長に相談すべきだった。
- 西田主幹教諭が、校長、副校長、事務長との連携をとらずに、前年度の踏襲にこだわり、これまでに積み上げた重要な経験知を共有しなかった。

問2 　佐山校長は、今後、校長として「新たな職」をいかに機能させ、学校改革をすすめていくとよいでしょうか。

- 三浦高校の進学実績を維持しながらも教師の多忙な現状を改善するという課題を、まずは校長以下の経営層の教員が共有する。
- 佐山校長は、副校長・教頭・主幹教諭の三浦高校におけるそれぞれの職務を明確にすることで位置づけを図り、指示系統を確立する。
- 特に西田主幹教諭は自校での昇格であったため、主幹教諭という職階の役割を自覚できていない。三浦高校のキーパーソンである彼をいかに学校改革に引き込むかが鍵となる。そのためには、校長のリーダーシップと説得力のある経営ビジョンが必要である。

Comment

九州共立大学
経済学部

日髙　和美

　「新しい職」と呼ばれる副校長・主幹教諭の配置に伴う今日的課題に焦点を当てたケース教材となっている。この「新しい職」については様々な議論がなされている状況ではあるが、これまでの管理職の職務がより重層化し、学校経営・学校運営の業務に専念する組織体制を構築することが期待されている。「新しい職」の効果的な活用によって、学校の実態や教職員のニーズに応えた校務の支援や指導（人材育成）が促進され、教職員の職務が効率的になる。

　そのための条件と考えられるのが「新しい職」を含めた管理職層の「職務内容の明確化」、すなわち管理職間の意思決定プロセス（決裁・専決事項と協議事項の分類）を見直すことである。既存の校長－教頭の職務内容と副校長－主幹教諭の職務内容の調整をしていないために、各職位に応じた決裁内容を明確にできず、「新しい職」を十分生かした学校運営ができないという事例も多いのではないだろうか。

　今回のケースで取り上げられている、年度当初の「学校改革」としての具体的なプランの導入目的は、「ゆとりの時間の確保」であり、そのための会議運営の見直し（運営委員会・職員会議・朝礼の運営）を通じた業務負担軽減とされている。しかしこれらのプランについて、誰（どの職位）がどの決裁を任されているのかは明確にされていない。年度当初という時期的な課題も背景にあると思えるが、新たに赴任してきた校長と以前より勤務している副校長・主幹教諭との協議が十分に行われていない段階（西田主幹教諭の意見を有田副校長も校長に伝えずにいることから）である。その結果、管理職レベルの信頼関係が損なわれ、共有ビジョンが形成できないまま暗転していく状況に陥っている。

　「新しい職」としての副校長－主幹教諭の配置に伴う各職位の決裁権限については、各学校で定める方法もあれば、教育委員会単位で事前に協議し定めておく方法もある。

　その際は、教員組織がシステムとして機能するよう職務内容を調整するとともに、実態を踏まえて定期的に見直しを図る必要がある。

Profile
九州共立大学経済学部講師（教職課程担当）。博士（教育学）。学校評議員制度・学校運営協議会等、保護者・地域住民が学校経営に参画する制度を中心に研究を進めている。

Case 07 校長先生、どうしますか?

MEMO

Case
08

通常の学級では限界があるんです。

　緑ヶ丘小学校は新興住宅地に設置された開校5年目、児童数約600名の学校である。現在は、知的障がい特別支援学級1学級を含む19学級であるが、教育環境がよいとの評判で転入者が増加傾向にあり、今後学級増も見込まれている。また、市より学力向上推進校の委嘱を受け、今年の11月22日には算数科学習指導法の研究を公開することになっている。

　学校内外で「緑ヶ丘小学校は〇〇市のモデル校です」と口癖のように話す小田校長は、昨年度教頭から自校昇任した2年目の校長であり、校内研究を柱として教職員がまとまりをみせていることと自校に対する保護者や地域の期待が高いことに対し喜びを感じていた。

5年1組の問題

　2学期が始まり、5年1組に山川さん（女子）が転入してきた。担任は学年主任で52歳の夏木先生である。夏木先生は算数科の指導について講師を行うなど市内でも有名な先生で、その指導力の高さから保護者や同僚からの信頼が厚い先生である。

　2学期が始まり3週間が過ぎた9月20日の3校時目、山川さんが大きな声で叫びながら運動場を走り回り、その後を夏木先生が追いかけている姿を田端教頭が発見した。教頭は慌てて運動場に出て山川さんの手をつかんだが興奮していたため、夏木先生と相談し保健室へ連れて行った。教頭は山川さんが落ち着くのを待って事情を尋ねてみたが、山川さんは状況を思い出すと苛立ち始めるので、詳しく聞くことはせず教室に戻すことにした。

　その日の昼休み、田端教頭は山川さんのことで夏木先生と話すことにした。

夏木「山川さん何か変わっているんです。話がかみ合わないというか…」
教頭「今日のこと以外に、他にも困ったことがあるの？」
夏木「何でもないことなのに、急に大きな声を出して友達に文句を言うんです」
　　「その他にも…。私は、彼女には発達障がいがあるのではないかと思います」
教頭「私も話をしていてそうかなと思いました。大変だとは思うけど、先生の指導力があれば大丈夫。授業中に困ったことが起きたら、私か教務主任の山崎先生に連絡を下さい。すぐに対応していきますから。校長先生には私から伝えておきます」

　夏木先生ならば何とかできるだろうと思った田端教頭は、教務主任の山崎先生に今日の概略を伝え、必要に応じて5年1組に行って夏木先生の補助をするように指示を行った。

　この日以来、授業中にインターホンで夏木先生から教頭先生に連絡が入ることが多くなり、山崎先生が5年1組の教室に入る時間が増えていった。

月に一度の校内支援委員会

　緑ヶ丘小学校では、毎月第3火曜日に校内支援委員会を行い、配慮を要する児童についての情報交換と支援方策を話し合う機会をもっている。委員会の構成員は校長、教頭、特別支援教育コーディネーター、養護教諭、各学年主任、専科である。今回は山川さんの件があるので山崎先生も参加することとなった。

　10月21日、校内支援委員会が特別支援教育コーディネーターの春山先生の司会で始まった。春山先生は特別支援学級の担任で採用3年目の先生である。

春山「各学年で気になっていることはありますか？」
　どの学年からも大きな問題は聞かれなかった。そんな中、夏木先生が口を開いた。
夏木「5年生全体は落ち着いているけれど、私は山川さんへの指導で悩んでいます」
教頭「山川さんは、今学期より5年1組に転入した女児です。少し問題行動が目立つようで、最近は山崎先生が山川さんの対応を行うことが増えているのが現状です」
山崎「山川さんは、柔軟に自分の考えを変えることが苦手なようで、自分で想定していないことが起きると気持ちの整理がつかないようです。また、友達の気

持ちを推し量るのが苦手で、言葉でのやりとりのなかで誤解が生じてしまいがちです」
夏木「私は、山川さんは広汎性発達障がいだと思っています」
春山「あー、それは大変かも…。保護者とは協力できているのですか？」
夏木「最近、友達とのトラブルが増えたので、毎日のように保護者に電話で連絡しています。ところが、『家では問題ありません』の一点張りなのです」
春山「山崎先生が個別に対応しているときはどうですか？」
山崎「事前に、想定される事を話しておくと安心します。それより、周りの友達が山川さんに対して発している言葉が厳しくなってきているのが気になります」
春山「山川さんが苦手なことを軽減できるように事前に働きかけたり、周りの子どもにもう少し優しく接するように促したりするのはどうですか」
夏木「他の子どもの指導もあるのでそんなには関われません。それに、周りの子どもも山川さんに対して結構我慢しています。そんな中どう伝えていいか…難しいです」
「もうすぐ発表会なのに、授業がなかなか進まないので正直焦りもあるし、他の保護者からのクレームも心配です。教頭先生から保護者に病院を受診して服薬するように伝えていただけませんか？」

夏木先生の語気が強まり、周りの先生も困惑しながら視線を教頭に集める。
教頭「どうでしょう、しばらく山崎先生が山川さんのそばについて支援を行うということで様子を見てみませんか。保護者には頃合いを見て受診を勧めてみます」
校長「夏木先生の大変さはよく分かります。このような事はどのクラスでも起こりうることです。みんなで協力して乗り切りましょう。他になければ終わりましょう」

春山先生は、これでいいのかなと心の中でつぶやきながら会を閉じた。

校内支援委員会が終わった後

校内支援委員会が終わった後、春山先生は校長室を訪ねた。ちょうど、田端教頭と山崎先生が今後の対応について小田校長に相談しているところであった。

山崎「夏木先生は山川さんに苦手意識をもってしまっているようですね。山川さんは事前に伝えておけばそんなに癇癪は起こしませんよ」
「私が頻繁に5年1組に入るのは、本当にいいことなのでしょうか？」
教頭「発表会まであと1ヶ月あまりなので夏木先生も焦っているのでしょう。山崎先生も大変だけれど発表会まではクラスに入って夏木先生を助けてあげてください」
山崎「春山先生はどう思う」
春山「夏木先生は指導力があるので私なんかが言うのはおこがましいのですが、個別の指示を事前に行うだけで随分違うと思います。山崎先生が入ることで山川さんは学習しやすくなると思いますが、つきっきりだと周りがどう思うかが心配です」
校長「とりあえずはトラブルの未然防止が先決です。春山先生は、コーディネーターとして、こまめに5年1組の様子を見て夏木先生にアドバイスをしてください」
「それから、山川さんの保護者もきっと家庭では困っているはずです。教頭先生はできるだけ早く山川さんの保護者と話す場を設定し、受診を勧めてみてください。他の保護者からクレームが出てくる前に何とか対応しましょう」
春山「できるだけのことはしますが、私も担任なのでどの程度できるかは…」
教頭「春山先生は専門的な知識があるのだからそれを生かしてください。私も急いで保護者と連絡を取り、話す機会をつくりますから」
校長「山崎先生も、対応の仕方を学ぶよい経験だと思って頑張ってください」
山崎先生と春山先生は「はい」と返事をしながらも、すっきりしない気持ちであった。
その後、田端教頭の調整で、11月1日に行われる学習参観・学級懇談会の後に、校長室で山川さんの母親と話し合う場が設定された。

山川さんの母親との話し合い

学級懇談会の後、山川さんの母親が校長室を尋ねてきた。その表情は何となくこわばっている。校長と教頭が出迎える。
山川「初めまして、山川の母です。いつもご迷惑をおかけしています」
校長「お呼びだてしてすみません。娘さんの様子を学習参観で見られてどうでした

　　　　か」
山川「気を散らしてはいましたが、あの子なりには頑張っていたと思います」
校長「それはよかった。ご覧いただいたように山崎も一緒に学習をしているのですよ」
山川「娘も山崎先生がクラスに来るようになって楽しくなったと言っていました」
教頭「ところで、担任の夏木からも連絡があっていると思いますが、お子さんは予期しないことへの対応が苦手なようで、そのことが原因で細かなトラブルが続いています。お子さんが安心して学べる環境をつくるために夏木も頑張っているのですが、お子さんに合った支援がなかなか提供できていないのが現状です」
　　「そこでご相談なのですが、一度病院を受診されてはどうかと思いまして…。本校にも服薬によって落ち着いたお子さんがいます。必要であれば病院はご紹介いたします。もちろん、学校での支援も十分に行っていきます。いかがでしょうか？」
山川「…」
校長「私たちは学習指導については専門家ですが、子どもたちのことを知る上で医療機関の力を借りないと分からないこともあります。これからの教育は学校や医療機関の連携が不可欠だと思っています。誰にでも苦手なことはあります。お子さんのためにぜひ一度受診されることをご検討下さい」
山川「山崎先生が来るようになって、落ち着いて勉強できると言っているのですが…」
教頭「山崎先生は教務主任ですので、ずっとクラスに入ることはできないのです」
山川「…分かりました。家に戻って夫と相談してみます」
校長「学校でもしっかりと支えていきますので、お父様にもよろしくお伝え下さい」

学習参観から一週間後

11月8日、山川さんの母親から小田校長に病院を予約したとの電話があった。
その日の昼休み、小田校長は職員室にいた夏木先生に電話のことを伝えた。
校長「夏木先生、山川さんは来月6日に〇〇病院で受診するそうです。相談者が多くて1ヶ月待ちとのことだけれど、これで落ち着いてくれればいいね」

Case 08 通常の学級では限界があるんです。

夏木「1ヶ月待ちですか…。それまで、山崎先生は教室にきてくれるのでしょうね」
校長「とりあえず発表会までは山崎先生に教室に入ってもらうようにします」
　話が終わると夏木先生は大きくため息をついて教室へ向かって行った。その姿を見ながら小田校長は言いかけた言葉を飲み込んだ。

12月10日の放課後

　12月10日の朝、山川さんの父親から、校長に会って受診結果を話したいと連絡があり、同日の放課後、校長室で山川さんの両親と校長、教頭、担任とで話し合いがもたれた。
父親「受診結果は、広汎性発達障がいの疑いがあるとのことでした」
校長「そうでしたか。お医者さんはどのように支援すればよいと言っていましたか」
父親「医師からは服薬の必要はないと言われました。娘が落ち着ける環境づくりを
　　　学校がしてくれれば大丈夫だということでした」
夏木「…」
母親「私たちは病院に行きました。教頭先生は学校でも支援を行うと言われました
　　　ね。学校では何をしていただいているのですか？」
　　「娘は、発表会が終わった後は山崎先生が来なくなったと言っていますが…」
教頭「申し訳ありません。山崎は教務主任の仕事もあります。また、通常の学級に
　　　は多くの児童が在籍しており、娘さんだけに支援を行うのは難しいのです」
父親「何だ、その言い方は！今の学級では娘を預かることができないということ
　　　か！」
校長「そうではありません。できるだけのことはしているのですが、細やかな配慮
　　　が難しいと申しているのです」
母親「言いたくはないのですが、娘は山崎先生の名前はよく口にするのですが、夏
　　　木先生の名前はほとんど聞きません。先生は娘のことをどう思っているので
　　　すか」
夏木「友達と協調するのが苦手なお子さんだとは思いますが、よく考え、細かなと
　　　ころに気が利くお子さんだと感心しています」
母親「本当ですか。娘は最近、夏木先生も友達も嫌いだと口にして学校へは行きた
　　　くないと言い出しています。それに、病院に行ったことをすごく気にしてい

ます」

「今朝は玄関を出るときに足がすくんで動けなかったのですよ。どう思いますか！」

母親は涙を流しながら担任や学校の対応に対する不満を訥々と話し続けた。

保護者の決断

父親「いろいろ話をしましたが、今学期終了後、隣の学校へ転校させます。知り合いの弁護士から通学区域変更の理由になる事案だと聞きました。転校はできますよね」

校長「お気持ちはしっかりと受け止めました。まずは、十分な対応ができていなかったことに対してお詫びいたします。これからお嬢さんが楽しく学校へ通えるように最善を尽くしますので、転校については再度検討していただけませんか？」

父親「無理です。私たちは校長先生がよく口にしている『緑ヶ丘小学校は〇〇市のモデル校です』という言葉を信じて転居してきました。けれども、担任の先生からは家庭での指導を促す電話が頻繁にかかり、そのあげく受診を進められる始末…」

「失礼ですが、校長先生や夏木先生は障害者基本法の改正や障害者差別解消法についてどの程度理解されているのですか。これは人権問題ですよ！」

「明日から終業式まで娘は休ませます。その間に手続きを進めておいて下さい」

両親はそう言うと校長室を後にした。田端教頭が慌てて追いかけて取り成そうとするが、両親の気持ちは堅く揺るがなかった。そして、翌日から山川さんは学校に来なくなった。

設問

問1 このケースに見られる緑ヶ丘小学校の問題点は何でしょうか。

問2 あなたが校長ならば、このケースに対してどのように対応しますか。終業式までに行うこと、冬期休業中に行うこと、3月末までに行うこと、次年度行うことというように時間軸を意識して整理して下さい。

MEMO

Case 08 解説

通常の学級では限界があるんです。

出題者意図

　本ケースは、教職員の障がい理解をはじめとする特別支援教育に対する考え方の構築、及び組織的な対応を機能させていくために、校長としてどのように取り組むことが必要なのかを考えることを目的として作成した。

　障害者基本法の改正をはじめ、障害者総合支援法、障害者差別解消法などの国内法令が整ってきており、平成25年12月には障がい者の差別禁止や社会参加を促す国連の障害者権利条約が批准されるに至った。このことに伴い、学校においてもインクルーシブ教育に向けた教育環境の整備が求められている。平成19年4月に従来の特殊教育から特別支援教育へと考え方が移行し、各学校で支援体制の充実が図られてきている。しかし、未だ「一人一人の教育的ニーズに応じた教育」＝「取り出し指導」と捉えられていたり、校内支援委員会が機能しておらず、担任（担当）任せの支援に留まったりしているという現状が見られる。また、困っている主体者が子どもであることが見失われ、教師の大変さとして取り上げられることもある。

　特別支援教育の充実及び推進にあたっては、校長がリーダーシップを発揮し、自校の学校運営上の課題や教師の専門性における課題を整理し、教職員の特別支援教育に関する専門性の向上及び全校的な支援体制の構築等に取り組む必要がある。

　設問1は、配慮を要する児童に対し排他的な雰囲気をもつ担任ら教職員の姿、教務主任任せの対処的な支援方策、問題発見から1ヶ月後に行われた教職員側の立場で語られる校内支援委員会のあり方、保護者に対する配慮の欠如、おかしいと思うことを指摘しあったり指導したりできない学校の雰囲気等、特別支援教育を推進していく上での問題点や組織的な学校運営にかかる問題点を整理していただきたい。

　設問2は、自身の経験や自校の取り組みを参考に、特別支援教育を組織的に推進していくために必要な「ビジョンの共有と計画の具現化」「職員の資質・能力の向上への取り組み」「機能的な組織づくりと協力し合える風土づくり」「法令等に基づく学校教育のあり方」について、即時対応すべきこと、短期的又は中期的に行うこと、そして長期的に行うことを整理しながら考えていただきたい。

Case 08 ▶ 通常の学級では限界があるんです。

専門職基準との関係

専門職基準①とケースとの関係
専門職基準①：学校の共有ビジョンの形成と具現化
　下位項目：（1）情報の収集と現状の把握
　　　　　　　　様々な方法を用いて学校の実態（児童生徒の学習・生活、保護者・地域からの期待、地域社会の環境、これまでの経緯など）に関する情報を収集し、現状を把握する。
　　　　　　（4）共有ビジョンの実現
　　　　　　　　学校の共有ビジョンを実現するためにカリキュラムおよび校内研修等の計画を具現化する。

専門職基準②とケースとの関係
専門職基準②：教育活動の質を高めるための協力体制と風土づくり
　下位項目：（1）児童生徒の成長・発達に対する校長の責任
　　　　　　　　学校教育を受けることによってあらゆる児童生徒が成長・発達できるようにすることを、学校の担うべき責任として自覚する。
　　　　　　（5）教職員が能力向上に取り組める風土醸成
　　　　　　　　より質の高い教育を実現するために、教職員が絶えず新しい教授方法や教材開発に取り組むことができるような風土を醸成する。

専門職基準③とケースとの関係
専門職基準③：教職員の職能開発を支える協力体制と風土づくり
　下位項目：（5）教職員間の風土醸成
　　　　　　　　教職員の間に、協働、信頼、公正、公平の意識が定着するような風土を醸成する。

専門職基準⑤とケースとの関係
専門職基準⑤：家庭・地域社会との協働・連携
　下位項目：（1）家庭・地域社会との協働・連携の必要性の理解

学校における教育活動は、家庭・地域社会との信頼・協働関係のもとでより効果的に行うことができることを十分に理解する。

専門職基準⑦とケースとの関係
　専門職基準⑦：学校をとりまく社会的・文化的要因の理解
　　下位項目：（2）憲法・教育基本法等に基づく学校教育のあり方
　　　　　　　日本の公教育システム全体について十分に理解し、日本国憲法、教育基本法等の関係法令等に基づいて自校の教育のあり方を考えることができる。

回答例

問1　このケースに見られる緑ヶ丘小学校の問題点は何でしょうか。
【教職員の専門性】
- 障がいのある児童（生徒）に対する支援方策についての理解不足と排他的な考え方
- 医師しか判断できない障がい名や服薬について安易に口にする態度

【校内支援体制】
- 特別支援教育コーディネーターが機能していないこと
- 校内支援員会が教職員の困っていることや不満を出し合う場で止まっていること
- 校内支援員会が月に一度の定例会とし形骸化していること
- 専門性を有している先生の発言が生かされない雰囲気
- 人的な支援に頼る対処的な対応

【保護者への対応】
- 障がいを受容するまでの保護者の心理状態についての認識不足
- 担任が頻繁に電話連絡を行う事で生じる保護者の気持ちに対する理解不足
- 学校の要望（要求）を押しつけるような対応

【教職員の同僚性】
- 他人事として考え、問題の核心に触れない雰囲気

Case 08　通常の学級では限界があるんです。

【管理職のリーダーシップ】
- 法令に対する基礎知識の欠如
- 障がいに関する希薄な知識
- 教職員の意識及び組織的な対応に関する実態把握の欠如
- 情報の共有化ができていないこと
- 組織的対応にかかる指導性の欠如
- 計画性のない対応
- 渉外活動に関するスキルのなさ

問2　あなたが校長ならば、このケースに対してどのように対応しますか。
- 終業式までに行うこと、冬期休業中に行うこと、3月末までに行うこと、次年度行うことというように時間軸を意識して整理して下さい。

【終業式までに行うこと】
- 本ケースから見える学校課題の整理
- 本ケースについての教職員に対する説明
- 本事案発生についての教育委員会への報告
- 山川さんの保護者への連絡（本ケースの問題の提示、今後の取り組み対する説明）
- 担任教員に対するメンタル面にかかるケア

【冬期休業中に行うこと】
- 学校課題の整理と改善案の検討
- 本ケースにかかる課題についての共通理解を行う研修の実施
- 保護者との連絡

【3月末までに行うこと】
- 教職員、児童生徒、保護者、学級の現状に対する情報収集
- 定例委員会以外に臨時委員会を開催するなどの校内支援委員会のあり方の見直し
- ケース会議進行マニュアルの作成、校内支援員会を充実するための方策の検討と実施
- 障がいに対する理解と特別支援教育の動向把握のための校内研修の実施
- 保護者対応を含む接遇研修等の実施

- 保護者との連絡の方法の見直し（連絡帳、電話、召喚、訪問）

【次年度より行うこと】
- 特別支援教育を柱に組み入れた学校経営ビジョンの提示
- 校外研修への参加の促しと研修の積極的な受講を可能にする体制づくり
- 学年会の内容の検討
- コミュニケーションの機会を増やすため会議等のスリム化
- 専門機関との連携による専門性の補完（ＳＣやＳＳＷの活用）
- アサーション・トレーニングなどの研修
- メンターの育成及び指導教諭、主幹教諭のメンターとしての活用
- 教職員の多忙感に対する対応
- 教育の動向に対する自己研鑽

Comment

兵庫教育大学大学院
教育実践高度化専攻

大野　裕己

　本ケースを概観すると、緑が丘小学校の校内における特別支援教育の考え方の構築と浸透が何より深刻な課題と指摘できる。そのうえで、筆者がケースで気になった点として、校内支援委員会の場面の描写で示された、同校の特別支援教育コーディネーターを採用3年目の先生が担当していた事実がある。

　これまで学校には、学校経営の諸課題への組織的対応と関わり、主任制さらに主幹教諭等の「新たな職」の設置が法的に進められてきた。また、明確に法的位置づけをもつものではないが、「コーディネーター」と呼ばれるような、校内外の関係者間の連携・協力体制整備を担う立場が、近年学校に導入される動向がある。例えば、「特別支援教育コーディネーター」「道徳教育推進教師」など文部科学省が指名を促すものもあれば、「学力向上コーディネーター」など設置者が所管校への配置を進めるものもある。

　このように、学校において組織的対応を推進するための立場は増加傾向にあるが、都市部を中心とした教員の大量退職・大量採用の進展によって、こうした立場への中堅以上の教員の登用が難しく、経験年数の少ない若手教員を指名せざるを得ないケースも少なくないようである。コーディネーター教員には、多くの場合自治体等での研修など条件整備はなされているものの、若手教員が指名された場合、年長の教員に対して担当業務にかかる提案や協力要請を行う「難題」と必然的に向き合うことになる。

　経験年数の少ない教員の指名を問題視するつもりはない。本ケースの春山先生がこれまで特別支援教育に関する研鑽を高めていた可能性や、校長として期待をかけての指名であった可能性は少なくない。しかし、意図があっての指名であれば、校長は、春山先生の直面しうる難題を縮減し、その力量が生きるような支援委員会運営の支援・条件整備を施せていたのか。あるいは、そもそも校長は校内におかれる主任やコーディネーターの価値を学校課題との関連を含めて適切に見定めて教員に分担できていたのかが問われることになろう。そのような洞察を欠いた指名や組織化が委員会等の形骸化に容易につながることは想像に難くない。支援委員会終了時の春山先生の心中の「これでいいのかな」の思いには、現今の環境下での学校の組織的対応づくりの現実的な難しさが改めて感じられた。

Profile
兵庫教育大学教職大学院学校経営コース准教授として、大学院レベルでの学校管理職教育のプログラム開発に従事している。最近の著書に『学校改善マネジメント』（共著、ミネルヴァ書房、2012年）がある。

#03

第3部 | ケースメソッド事例集
(ショートバージョン)

Case 09 「学校はいじめを放置しているのか！」
～批判を拡大させないためにはどうしたらよいか～

　どんたく小学校は、各学年２学級、計12学級の比較的規模の小さな学校である。

　６年１組のA子は、教師から見ると明るく社交的な生徒であるが、児童の間ではわがままで自己中心的なところがあるため、友人関係がうまくつくれず、些細なことでトラブルになることが多かった。

　３学期のある日、A子は「友達に悪口を言われた。無視されている」と担任の西島教諭に訴えた。西島教諭が事情を聞いたところ、A子は２学期の頃から２組のB子とC子と行動を共にするようになったが、最近この二人から無視されているということであった。

　西島教諭はこの話を２組の担任の東教諭に伝えたが、東教諭は事の重要性をとらえておらず、西島教諭に任せたきりだった。西島教諭は他の教師に相談しないまま、２組のB子とC子を呼んで指導した。二人は納得をしていない様子を見せたが、「これからは仲良くするように」と言い聞かせて帰した。

　ある日の朝、A子は登校してまもなく学校のトイレに閉じこもって出て来なくなった。トイレの中から「教室なんか行かない」「もう私どうしていいのかわからない」と訴えている。西島教諭をはじめ、養護教諭や管理職も駆けつけ、出てくるように促したが、午前中ずっとトイレに閉じこもったままだ。そのため、母親に連絡をとり、家に連れて帰ってもらうことにして、A子はようやくトイレから出てきた。西島教諭は、A子が友人関係のことで相談してきたことを母親に伝え、帰宅させた。

　その後、西島教諭は管理職に経緯を報告した。また、２組担任の東教諭はB子とC子から事情聴取をした。内容は以下の通りである。

　　　B子とC子はA子の誹謗・中傷・悪口を書いてメールを交換し合って

いた。
　また、同じようなことを校区の公園のトイレの壁に落書きをしたこともあった。さらに、二人はA子の机の引き出しにカッターの刃を入れたこともあった。
　その理由は、以前、自分たちがA子から他の児童をいじめるように強要されたことがあり、その腹いせだった。A子だけが被害者ではないと思っているということだった。

事情聴取の後、二人を帰した東教諭はB子とC子の保護者に連絡をとり、内容を伝えた。二人の保護者はその内容に驚き、ショックを受けたものの、「うちの子に限って」と信じられない様子であった。

一方、その日の夕方、A子の母親から西島教諭に電話がかかってきた。母親の声は怒りで震えていた。その内容は以下の通りである。

　子どもがメールで悪口を書かれたので、学校へは行きたくないと言って泣いている。これはいったいどういうことか。学校はいじめを放置しているのか。このままでは子どもが心配で学校へ行かせることはできない。いじめの問題で法的手段に訴えることも考えている。

こうした事態となり、学校側は双方の対応に苦慮することとなった。

問1　あなたは校長として、6年担任の対応の問題点を指摘し、今後この二人の教諭をどのように指導しますか。

問2　あなたは校長として、事態収束にむけて教師と保護者にどのような対応をして、両者を話し合いの場へともっていきますか。

Case 09　解説

＊ケース作成の意図

　いじめは人間のこころを破壊する行為である。絶対に許すべきものではないと誰もが思う。しかし、現実にはいじめはなくならない。とりわけ、発達途上の段階にある子どもはそれほど罪の意識をもたずして、特定の子を無視して「シカト」と呼ばれるいじめを行ったりする。また、メールやインターネットの掲示板に特定の児童の誹謗・中傷を書き込むなどの今日的いじめも深刻な問題である。

　いじめの問題に関しては、殊に教職員がクラスを越えて組織的に解決を図ることが大切であるが、本ケースは、学年教師の横の繋がりや管理職への報告がなされていないという問題があり、教師の初期対応のまずさが助長され、収拾の付かない状況にまで至ってしまった事例である。

　学年教師集団に求められる初期対応のあり方について、校長としてどのように指導していくのか。また、いじめが起きてしまった後の事態をどのように収束させていくのか、その解決のための手続きを具体的に問う設問である。

＊専門職基準との関わり

　本ケースでは、いじめが起こった時の校長のクライシスマネジメント力が求められる。専門職基準との関わりでは、基準Ⅳ「諸資源効果的な活用と危機管理」の「（4）危機管理体制のための諸活動のリード」と関連が深い。また、基準Ⅰ「学校の共有ビジョンの形成と具体化」及び基準Ⅵ「倫理規範とリーダーシップ」にも関連している。

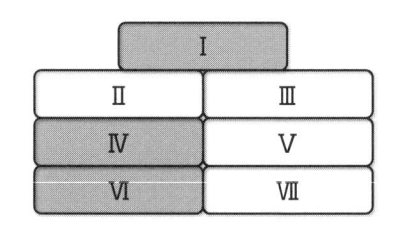

＊回答例

問1 あなたは校長として、6年担任の対応の主な問題点を指摘し、今後この二人の教諭をどのように指導しますか。

二人の教諭の問題点

- 学年間の横のコミュニケーションがとれておらず、同学年担任として問題を協力して解決しようとする態勢ができていない。

西島教諭の問題点

- 初期対応の時点で、管理職に連絡・相談をせず、問題を一人で抱え込んでしまっている。
- 他のクラスの児童を、その担任が同席しないまま一方的に指導し、児童が納得しない様子を見せたにも関わらずそのまま帰している。
- A子との経過、B子とC子の関係をはじめ、言動の背景や理由について十分に話を聞きとっていない。

東教諭の問題点

- 同学年の担任から連絡があったにもかかわらず、自分のクラスの児童が関わる問題を真摯に受けとめていない。日頃からB子、C子への見方はどうだったのか、職場の同僚とのコミュニケーションはどうだったのかを振り返り、改める必要がある。

二人の教諭に対する校長の指導

校長はあらゆる児童が安心して学ぶことができるという学校の共有ビジョンの実現において、いじめの問題に対しては細心の注意をはらう必要がある。問題を教職員全体で共有し、組織として解決していく姿勢が求められるのは言うまでもないが、この場合、二人の該当教諭に対しては早急に次のような指導を行う必要があろう。

- できるだけ早い段階で、管理職に報告・相談をするように指導する。

- 学年の教員の協力体制の重要性を理解させる。
- いじめに関するアンケートの実施と当該児童と個別の面談をさせて報告させる。

> 問2 あなたは校長として、事態収束にむけて教師と保護者にどのような対応をして、両者を話し合いの場へともっていきますか。

　いじめの問題においては、加害者と被害者の他に、関係のなさそうな傍観者が存在する。直接いじめていなくても、傍観者であるということは間接的にいじめた側にいることでもある。こうした傍観者やさらに児童全体に対する指導が、今後は校長のリーダーシップのもとに行われることが重要であるが、「学校はいじめを放置しているのか」という保護者の訴えに対して、まず当事者にどのよう働きかけるのか。その対応を想定しておきたい。

　対　教師
- 担任に家庭訪問や面談を通じて事実確認を行わせる。児童に一番近い教師として、話を十分に聞くように促す。子どもの心の痛みと向かい合う面談の基本は「傾聴」であることを担任に諭す。
- このような事態になった場合の家庭訪問や面談は担任以外にもう一人別の教師が同席することが望ましい。
- 子どもに愛情を注ぎながらも、いじめを行ったことに対しては毅然とした態度が必要である。反省させるべき点はきちんと反省させるように教師に指導し、児童には、教室に行けない時は保健室に来てもいいことを告げさせ、登校を促すように伝える。

　対　保護者
- 担任を通じ、事実確認と発覚した後の学校の対応（アンケート、面談等）を説明したうえで、この問題を重大なこととして学校全体で取り組んでいる状況を理解してもらう。学校と家庭の連携の重要性を話し、子どもの今後の学校生活のために双方の話し合いと和解の場を学校内

で設けることを提案し、同意を得るようにもっていく。

Column 〜いじめに対する教員の意識改革を…

　教師は若くして「先生」と呼ばれ、クラスを任せられると、いつのまにか一国一城の主になる場合がある。いじめの報告を聞いたとき、外に知られる前に担任は自分の力でなんとかしようとする。しかし、結局はうまくいかず、問題が大きくなってしまうケースも少なくない。

　教師にはSOSを発している子どもの声を聴く力や教員同士が互いに連携していく力が求められる。いじめの問題が起きた場合に行う面談や家庭訪問の時には、担任だけではなく、養護教諭やその児童が日頃から信頼している教師にも同席してもらい、子どもが落ち着いて話しやすい状況をつくることが肝要であろう。子どものこころが落ち着いてくれば、保護者の感情も和らいでくる。校長はこうしたことを念頭に置きながら助言し、渦中にある担任教師を支えていくべきであろう。

　いじめの問題はどこの学校でも起こり得る。いじめが起こっていなくても、定期的に校内研修を企画し、講師を招いたり最近の事例の演習をしたりして教職員全体で共通理解をしておくべきである。また、児童にも日頃から繰り返し、いじめを許さない学校の姿勢を伝えておかなければならない。このようなことを通して、教職員の協同体制は築かれ、早期発見に繋がっていくだろう。

【参考文献】
小泉英二編『学校教育相談・中級講座』（＜生徒指導の基本と実際＞シリーズ６）学事出版、1991年
尾木直樹『いじめ　その発見と新しい克服法』学陽書房、1995年

Case 10 クラス替えの保護者の要望は聞き入れるべきか

　どんたく小学校は、各学年2学級、計12学級の比較的規模の小さな学校で、林先生は本校2年目、昨年度は2年生の担任であったが、今年度は6年3組の担任になった。新年度に向けての校内人事がなかなか決まらず、4月に入っても会議続きで学年会を開いたり、学級事務をする時間がほとんど取れず、慌ただしく始業式を迎えた。

　新クラスの児童との対面を無事に終えた後、学年の打ち合わせと懇親をかねて、6年生の学年主任とクラス担任の4人の教員は食事に出た。そこで、3組の健史のことが話題になった。健史は低学年の頃から、カッとなって暴力をふるったり物を壊したりすることがあり、周りの児童とのトラブルが続いていたという。昨年度、5年生の時の担任だった学年主任から、「健史は、昨年は自分が担任していたが、休みがちだった。今年は、女の先生の母性を発揮して、乱暴な性格を落ち着かせて欲しい」と言われた林先生は、初めて聞いた健史のことや今後のことに不安を覚えた。また、地域でも、健史ばかりか、自分の息子が迷惑をかけていることに少しも悪びれた様子のない保護者の態度に対しても反感が強く、そのためクラス替えについては同級生の保護者の関心が高く、早くから話題になっていた。

　林先生が学校に戻ると、6年3組の幸次の母親から「個人面談の時に、健史と一緒のクラスにしないことを前の担任の先生にお願いしていたのに、なぜ一緒のクラスなのか。うちの子は明日から学校に行かせない」という電話があったと知らされた。驚いた林先生は、幸次の前担任（現在は2年生担任）に尋ねた。「確かに保護者からその話はありました。クラス替えの会議の際も学年で検討しましたが、5年生のときは幸次との目立ったトラブルはなかったので、問題はないだろうと一緒にしました。健史は他の子どもともトラブルが多くて、仕方なかったんですよ」と返事が返ってきた。そこで、そ

れ以前のクラス関する記録を調べた林先生は、幸次の母親が、2年生の時、一緒のクラスだった健史のことでよく電話をかけてきていたことを知った。しかし、当時の担任はすでに異動しており、学年主任も詳しくは知らなかった。

　林先生からの相談を聞いた教頭の指示を受け、前担任が保護者にお詫びの電話をしたが、「わざわざお願いしたのに、なぜ聞いてくれないのか」と、納得できないという返事だった。午後から管理職と学年主任は会議のため、林先生は一人で幸次の家に行ったが、母親は「クラス替えをやり直すか、健史を絶対に近づけないということを文書で頂くまで、学校に行かせない」と繰り返した。

　林先生は、夕方、健史の2年生の時の担任にようやく連絡がとれた。元担任の話から、「殺してやる」と叫びながら友達の家にカッターナイフをもって押しかけたことがあること等、極めて危険な行動をすることがわかった。また、発達障害の傾向が見られ、家庭でも困っている状況でもあり、発達支援センターへの相談を勧めたが、結局そのままになったと聞かされた。

問1　校長として、幸次の母親の要求に対してどのように対処しますか。

問2　この学校の児童の情報共有に関する問題点は何でしょうか。また、改善するにはどうしたらよいでしょうか。

問3　今後、健史とその保護者にどのような対応および対処が必要でしょうか。

Case 10　解説

*ケース作成の意図・設問の意図

　本ケースは、学校における情報共有、情報伝達の在り方について問うものである。多忙を極める学校現場において、各教員の知り得た情報をすべて共有することは困難であるが、児童の身体的状況や行動特性、家庭状況については、より効率的で徹底した情報共有が求められる。本ケースにおいては、4月当初の繁忙期とはいえ、児童に関する情報伝達の在り方が不充分であったことが大きな問題であるといえる。日々の生徒指導や保護者対応に関する記録をどのように残し、共有していくかも課題である。また、情報共有のために作成した個人データや紙媒体の情報漏えいに対する危機管理も発生する。

　さらに、保護者への対応も学校の信頼に関わる重要な問題である。学級編成における保護者の要求は少なくないが、その要求をすべて受け入れることは新たな課題も引き起こしてしまう。したがって、保護者対応にも、校長のリードが求められる。

*専門職基準との関わり

　専門職基準Ⅱ「教育活動の質を高めるための協力体制と風土づくり」、専門職基準Ⅳ「諸資源の効果的な活用と危機管理」、専門職基準Ⅵ「倫理規範とリーダーシップ」の3つの基準に関わっている。

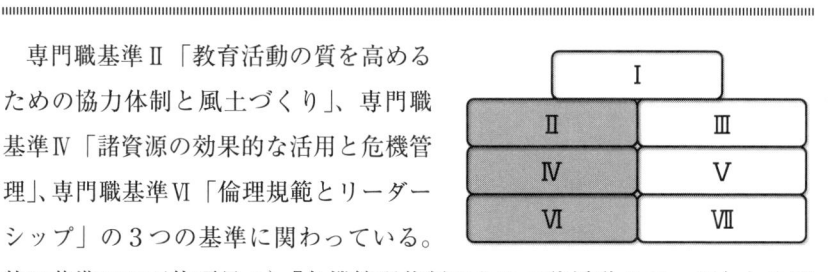

	Ⅰ	
Ⅱ	**Ⅲ**
Ⅳ	**Ⅴ**
Ⅵ	**Ⅶ**

特に基準Ⅳの下位項目4)「危機管理体制のための諸活動のリード」との関連が深く、児童の安全な学校生活のための情報共有、学級編成、教育活動のリードが求められる。

＊回答例

問1　校長として、幸次の母親の要求に対してどのように対処しますか。

　校長として、保護者に面接し、まずは、心からのお詫びを伝えることが必要である。その上で、学級変更できない旨を理路整然と、さらに毅然とした態度で伝える。すなわち、すでに新学期はスタートしており、学級再編成によって多くの混乱が予想できることを丁寧に説明する。次いで、教員の配置や学年のサポート体制について説明し、安心して過ごせる環境であることを理解し納得してもらうように努める。また、学校は学力と同時に社会性を育む場であり、社会と同様に様々な友だちがいる学校は、人間関係の築き方を学ぶ場であることも伝えられる。さらに今後は、学校側から、指導や対応の過程を、逐次、連絡することを約束する。

問2　この学校の児童に関する情報共有の問題点は何でしょうか。また、改善するにはどうしたらよいでしょうか。

　情報共有の方法や時期について、整備されていないこと、さらに、学年主任や学年教師間の情報把握・情報交換の不足があげられる。特に、学級編成については、発表後の変更はできないため、ミスの許されない業務であり、引き継ぎが徹底されるべきである。4月初めの会議が重なる時期であり、引き継ぎの時間が取りにくいことも十分に考えられるが、最優先すべき児童の情報把握が不十分な状態であることを放置しておいたことから、危機感の希薄さもうかがえる。教員間の情報管理を情報ネットワーク上で行うことや、クラス替えに関する情報を紙媒体で引き継ぐこと等方法は様々であるが、学校として統一した方法を採用し、定着させるべきである。それが、結果的には教員の仕事の軽減、さらには、保護者からの信頼にも繋がる。
　一方で、学校は様々な児童が在籍しており、その中で共に学ぶ存在であることから、学級編成については、保護者の個々の要求を安易に受けるべきではないという考え方も否定できない。

また、このケースは健史と幸次だけの問題だけではなく、周囲の児童の問題でもある。健史は小学校2年生の頃、カッターナイフを持ち出していることから、最悪の事態も想定する必要がある。場合によっては、警察や児童相談所等との連携も必要であると考えられる。今後の対応としては、養護教諭に健史に関する日誌を記録してもらう方法や、学級懇談会において学級全体の保護者への理解を求めること等もできる。

> 問3　今後、健史とその保護者にどのような対応および対処が必要でしょうか。

　まずは、健史の身体的状況、校内での行動・活動の状況、家庭状況についての現状把握が求められる。健史の状況を判断するのには、極めて情報不足であるといえる。以前、発達障害の相談に保護者が応じなかったことから、それを不用意に進めてしまったかもしれない。さらに、健史の実態に合わせて、養護教諭やスクールカウンセラーなどの教職員との連携、さらには児童相談所や発達支援センター等の関係機関との連携が求められる。

> Column ～教職員のジェンダー意識

　本ケースの「女の先生の母性を発揮して、乱暴な性格を落ち着かせて欲しい」という発言から、校内にどのようなジェンダー意識が存在しているか想像してみよう。学校という閉鎖的な空間で起こるセクハラ「スクール・セクハラ」の視点も持っておきたい。以下の文献を参照されたい。

【参考文献】
朴木佳緒留『なくそう！スクール・セクハラ　教師のためのワークショップ』2009年、かもがわ出版

Case 10　クラス替えの保護者の要望は聞き入れるべきか

MEMO

Case 11 校内研究への教職員の意欲と協力体制をどのように立て直すか

　Ａ小学校は、市内でも国語科の研究校としてこれまで研究発表会を開催してきた。その中で、力量のある研究担当者を中心に若手も順調に育ってきたが、ここ数年、教職員の大量退職・大量採用の過渡期に入り、国語科の実績のある教員の転入は年々少なくなり、若手教員が増えてきている。

　Ｙ校長は、52才で、今年度４月に赴任したばかりである。専門は、保健体育であるが、来年度の研究発表会をめざして校内研究の深化・充実を学校経営方針に掲げている。各学年３学級の全18学級の学校で、研究テーマは昨年度から継続して２年目であり、６人の推進委員、専科の研究担当者で研究推進委員会を組織している。推進委員のうち１人は今年度の転任者で、あとの５人は昨年度の経験者、研究担当者は２年目で前回の研究発表会の経験はない。

　４月25日、第１回目の研究推進委員会が開かれた。その席上、３年の推進委員が困ったような顔で、「新採のＥ先生が学年会で打ち合わせた通りにせず、勝手にしているみたいです」と報告した。すると、４年の推進委員も「今年来られたＩ先生のクラスも自分のやり方でしているみたいで、学年で作ったプリントは使っていません」と言う。研究担当者は、「学年で共通理解して実践するのが当たり前なのに・・・」とあきれ顔だ。Ｙ校長は初耳であり、教頭、教務主任に尋ねたが、よく分からないと言う。そこで、校長は、連休明けの１週間、２人の先生の授業を観察するように指示をした。

　５月12日、「国語の時間ではなかったのですが、子どもとは普通に進めている感じでした」「学習規律はきちんと指導していると思います」「今日はプリントを使っていましたが、子どもへの説明や指示が分かっていないようでした」などの報告を聞いた。Ｙ校長はスタートから１ヶ月でもあり、もう少し様子を見ようと考えた。

数日後の全体会の当日。今年度のテーマの考え方、研究組織、年間計画、研究授業の単元と時期、研究協議会の進め方などについて、研究担当者の説明にとくに質問・意見は出されず、表面上はスムーズだった。最後に、Y校長は、学校経営方針に掲げた校内研究の深化・充実をもう一度話し、学年の推進委員を中心とした全校の協力体制が重要であることを付け加えた。

　運動会が終わって、１週間後の６月８日、第２回目の研究推進委員会を開いた。３年と４年の推進委員にその後の報告を求めると、「新採のＥ先生は、自分の学級だけ早く終わっているんですよ。本当にあきれるんだから」と言う。また、４年からも「Ｉ先生も昨日の学年会の時、子どもが楽しいんだからそれぞれのやり方でしていいんじゃないですかと言うんです。私は年下だから言いにくくて。校長先生、何とかしてください」と困り果てている。すると、５年の推進委員から、「うちのＳ先生もね、研究発表会のために研究するというのは私は反対って、こっそり言ったんですよ」と言う。研究担当者もむっつりと黙り込んだまま、その場の空気が重たくなってしまった。運動会が成功裡に終了し、１学期後半の本格的な研究実践を目前にして校内研究はどうなっていくのだろうかと、Y校長は初めて不安を感じた。

問１　このような事態になった原因をどのように考えますか。

問２　事態を打開するために、あなたはこれから校長としてどんな戦略、手だてをとりますか。

Case 11　解説

＊ケース作成の意図

　校長が、学校の教育活動全体の質の向上をめざして学校経営を構想しようとするとき、教職員の職能開発、すなわち人材育成が不可欠なのは言うまでもない。とりわけ、日々の授業改善に直結する教員の授業力の向上をめざして、校長は、校内研究におけるリーダーシップを発揮しなければならない。そのために、本ケースでは、現在の校内研究の課題を次のように考えてみた。

- 団塊世代の教員の大量退職に伴う新規採用教員の増加、教員の年齢構成の急速な変化にどのように対応して職能開発を考えるか。
- 校内研究の意義・目的を校長自身がどう認識し、ビジョンに掲げるか。
- 若年教師をはじめ一人ひとりの授業力向上を図るために、研究組織・体制、計画、方法をどのように改善するか。
- 校内研究の歴史をふまえて学校の研究文化・風土をどうつくっていくか。

　本ケースのY校長は、上記の課題についていずれも認識が不十分である。その姿から問題点を分析し、課題を明確にして解決の道筋を見つけたい。

＊専門職基準との関わり

　本ケースで取り上げている校内研究は、校長の専門職基準の中で、基準Ⅲ「教職員の職能開発を支える協力体制と風土づくり」に直接関わり、その具体化をめざしている。あわせて基準Ⅱ「教育活動の質を高めるための協力体制と風土づくり」とも密接に関わる。基準Ⅲは、「校長は、すべての教職員が協力しながら自らの教育実践を省察し、職能開発を

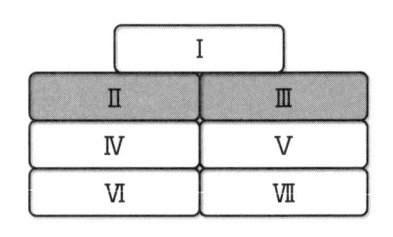

続けることを支援する体制づくりと風土醸成を行う」を目的とする。教職員の職能開発とは、長期のキャリア形成の中でライフステージに応じた資質・能力、力量の形成である。その中で、教育活動の中核である授業実践の資質・能力の向上を図る機会、すなわち力量形成の場が、所属している学校の校内研究である。本ケースでは、校長は、校内研究においてどのようにリーダーシップを発揮するかを課題としたい。基準Ⅲは、5つの小項目から構成されている。

すなわち、教職員の職能開発が児童生徒の教育活動の改善につながるということをまず校長自身が自覚することに始まり（小項目1）、教職員一人ひとりのキャリア、職務能力を的確に理解・把握し、それぞれのニーズに応じた職能開発の機会提供や適切な支援をする責任を校長自身に求めている（小項目2）。その姿勢に立って、学校の共有ビジョンの実現のために、一人ひとりの職能開発と学校の教育課題の解決を促す研修計画を立案するように教職員をリードする（小項目3）。そして、日々の教育実践を相互に交流し、協力して省察することができるような教職員集団の形成をめざす（小項目4）。こうして、教職員の間に、協働、信頼、公正、公平の意識が定着するような風土を醸成する（小項目5）。また、基準Ⅱは、「学校にとって適切な教科指導及び生徒指導等を実現するためのカリキュラム開発を提唱・促進し、教職員が協力してそれを実施する体制づくりと風土醸成を行う」ことを目的とする。したがって、基準Ⅲの小項目4、5との密接な関連があり、望ましい教職員集団を形成して体制づくりと風土醸成をめざす必要がある。

本ケースは、新年度のスタートから約2ヶ月間の状況を描いており、どんな問題があり、どんな課題として解決するかを考えてほしい。

＊回答例

問１ このような事態が起きた原因をどのように考えますか。

　学校は、毎年の人事異動による教職員の転出入があるために、ケースのような状況は、現在どんな学校でも普通に見られる。そうしたとき、校長は、まず年度初めに、前年度までに在籍している教員と新しく転入してきた教員の実績や研究歴、得意教科・分野などの事前情報をできるだけ収集しておく必要がある。これは、校内研究に対するさまざまな意識や姿勢のちがいが混在することを予測し、危機管理をすることである。Ｙ校長は、それを怠り、研究の伝統校だから大丈夫だろうと安易に考えていたのではないだろうか。

　まず、学校経営方針に「来年度の研究発表会をめざして校内研究の深化・充実を学校経営方針に掲げた」とあるが、年度初めに校長が経営方針を説明する中で、校内研究についてどう語ったのか。教職員が共通理解し、共有化するための説得力はどうだったか。校長のビジョンとは、校内研究をこうしたい、こう変えていきたいという全体へのメッセージであり、研究の意義と目的を教職員一人ひとりに明確に意識させなければならない（小項目１）。

　次に、校内研究を通して、教職員一人ひとりの職能開発をどのように進めていくかという立場から、情報収集と面談の機会を確保していくことが必要になる。日頃からの学級訪問を通じて、授業力に関わる情報を集め、日常の職員室での会話・雑談の中で自然な話題になるように心がけたい。こうした校長の言動が校内研究の意義と目的を具体化し、教職員に浸透させていく基盤になっていく（小項目２）。

　また、校内研究の計画立案では、Ｙ校長はどのようにリーダーシップを発揮したのだろうか。そして、日常の教育活動への指導助言はどうだったのか。第１回目の全体会が５月中旬であり、すでにケースのような事態が生じているのならば、もっと早めに手だてをとる必要がある。４月末に問題点が顕在化しているのに、教頭、教務、担当者への「様子を見るように」との指示だけで自分から動こうとしない。５月の報告を聞いても、「もう少し様子を見

よう」というだけだ。全体会の進め方でも、原案の説明に質問・意見が出ないのが「スムーズ」だとの認識があり、ここにも危機管理が不足している。学年や部で意見を交換し、質問・意見を率直に出し合う雰囲気をつくるために事前の計画を四者で話し合っておく必要があった（小項目3）。

以上のような経過で、A小学校の教職員は現在、「日々の教育実践を相互に交流し、協力して省察する教職員集団」ではないと言える（小項目4）。

問2　事態を打開するために、あなたはこれから校長としてどんな戦略、手だてをとりますか。

小項目の1から5までに沿った戦略、手だての例を以下のように考えたい。

まず、第2回推進委員会の後、すぐに四者で対応策を検討する。第2回目の全体会を早急に開き、内容・進め方をどうするか、次の推進員会に向けて話し合う。E先生の校内研究への無理解、I先生の研究への消極的態度や反発、S先生の発表会への反対論などに具体的にどう対応し、説得するかを協議し、四者の役割と手順を原案として作成する。その原案を推進委員会で検討し、各学年の推進員の意見を十分に聞き、取り入れる。（小項目4、5）。

第2回目の全体会に向けて、校長自身の学校経営方針の見直しが必要になる。4月初めの説明を変更するのではなく、校内研究に対する校長としてのビジョンを分かりやすい言葉で、一人ひとりの教職員の成長にとってどれだけ重要な意味があるか、研究としてなぜ国語科を対象にするのかなど、子どもの実態・課題に合わせて語りかけなければならない。このとき、すでに生じている研究への不満や消極的な姿勢、意見も率直に伝えながら、推進委員会で協議した今後の方向、努力点を示していく。そこに、ビジョンの共通理解、共有化の再スタートがある（小項目1）。さらに計画では、できるだけ早くオリエンテーションを実施し、研究担当者によるモデル授業を全員で参観、協議して具体的な授業や子どもの姿をイメージできる機会をつくり、共通理解と相互交流を深めていく（小項目1、4）。また、時期を急がずに全校での授業公開週間を設定し、校長・教頭も参加しながら、研究担当者や学年同士で授業を見せ合う雰囲気づくりなども実施したい（小項目5）。

Column 〜校内研究における校長のリーダーシップ

　校長の校内研究におけるリーダーシップを考えるためには、研究会の進め方やあり方を新しく開発する、授業研究の新しい方法論を検討する、学校の組織文化・研究文化を高めて教員相互の意欲を引き出すなどのアプローチが考えられる。以下の文献を参照されたい。

【参考文献】
『「ワークショップ型校内研修」で学校が変わる　学校を変える』村川雅弘編集（教育開発研究所　2010）
『学校改善マネジメントと教師の力量形成』八尾坂修著（第一法規　2004）
『学校を変える新しい力―教師のエンパワーメントとスクールリーダーシップ―』浜田博文編著（小学館　2012）

MEMO

MEMO

Case 12 校長として学校をどのように「開いて」いくことができるだろうか。

　マチナカ小学校は、市の中心部にあり、校区には市立図書館や美術館などがある。ＰＴＡと地域が一体となった交通指導が行われるなど家庭も地域も協力的で、生徒指導面でも学習面でも比較的問題の少ない、落ち着いた学校であった。だが、数年前から駅の再開発でマンションが建ち始め、児童数の増加がみられるようになってから、子どもたちの登下校の態度や挨拶の仕方、公園での遊び方や交通マナーが悪いなどと地域の方の苦情やお叱りも頻繁に入るようになった。校内においてもたしかに言葉遣いや態度の乱れが目立つようになっている。

　このような状況に対し、教職員も落ち着いた校風を守ろうと奮闘していた。そのような折、「読み聞かせのボランティアをさせてほしい。不審者も心配なので見回りもさせてほしい」という申し入れが地域の団体からあった。校長としては、子どもたちの生活態度が乱れ始めており、聞く態度が育っていない中での読み聞かせの導入は心配ではあるが、何らかの教育的効果があるのではないかと考え、運営委員会で提案してみた。だが、参加した教員からは「学級や学校の日常の様子を見られ、よくない評判をたてられるのではないか」、「素性もわからない外部者を安易に受け入れるべきではない」、「忙しい上に余計な仕事が増えては困る」といった反対の声が聞かれた。

　これまでもマチナカ小学校では、校区内の文教施設を生かした教育活動の取組の提案が施設側から持ち込まれたことがあるが、日々の授業準備や分掌事務に追われ多忙を極めているのに、さらに追い打ちをかけるように余分な時間が必要となり煩わしい、などと反対の声があがりうまくいっていない。

　市教委の中期目標として「開かれた学校」の文言が上位に掲げられており、マチナカ小学校の校長として家庭や地域社会との連携・協働はこれまで以上に推進しなければならない。

問　さて、あなたがマチナカ小学校の校長ならば、この後どのように対応しますか？

MEMO

Case 12 解説

＊ケース作成の背景、設問の意図

「開かれた学校」が標榜されるようになって久しい。だが、学校が「なぜ」開かれなければならないのか、「何を」開かなければならないかということの共通理解が図られておらず、組織構成員のコンセンサス（社会的な合意）が得られないまま「殺し文句」として強行されてしまっている例が少なくない。

本ケースでは、地域や保護者が学校に協力的で、校区内に文教施設も豊富であり、かつ行事的活動やボランティアも再三の申し出を受けているというヒト・モノ・コトの諸資源に恵まれた学校であるにもかかわらず、教職員の組織文化が阻害要因となって十分にこれを活用できていない事例である。

勿論、学校を開いていく際に慎重にすべき部分は多々あるが、このように子ども達の諸課題が地域からも可視化されている事態であるにも関わらず、教職員が学校内部で自己完結させようと「奮闘」するものの、結局は解決できていない。このような現状を校長としてどのように打開していくか、その進め方の手順を具体的に問う設問である。

＊専門職基準との関わり

専門職基準Ⅴは「家庭・地域社会との協働連携」を掲げており、「校長は、家庭や地域社会の様々な関係者が抱く多様な関心やニーズを理解し、それらに応えながら、連携・協働することを推進する」ものとされている。なかでも下位項目４）の後半のくだり「家庭・地域社会からの信頼感と協働・連携意識を獲得するよう教職員をリードする」は本ケー

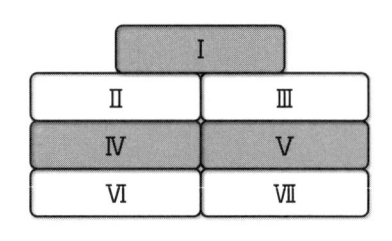

スとかかわりが深い。また、専門職基準Ⅰの内容として示された「校長は、学校の教職員、児童生徒、保護者、地域住民によって共有・支持されるような学校のビジョンを形成し、その具体化を図る」や専門職基準Ⅳの「学校内外の人的・物的・財政的・情報的な資源を効果的・効率的に活用し運用する」といった部分と深くかかわっている。

＊回答例

> 問　さて、あなたがマチナカ小学校の校長ならば、この後どのように対応しますか？

　本ケースの設問自体は一つであるが、危機対応というリスクマネジメントの問いとなっているため、複数の相手先へのリスク対応のありかたを検討していかなければならない。危機管理論におけるリスクマネジメントの基本はリスクコミュニケーションであるとされ、誰と（Whom）、いかなる（How）コミュニケーションをとるかが問われるからである。この場合に、コミュニケーションの対象となる利害関係者（ステイクホルダー）はおよそ以下の相手（申し出団体・教職員・保護者・地域住民）を想定しておきたい。

- 対団体

　　読み聞かせや見回りを申し出た団体に対し、まずその真意を確認する必要があろう。そして団体には手続きとして校内の教職員で検討した後、PTA役員会、場合によっては評議員連絡会や学校運営協議会に相談する旨を確認しておきたい。受けるのであれば、相応の準備が必要であるし、断るのであればそれなりの回答の仕方が求められる。ボランティア団体の誠意を無下にせず段階を設けてでも上手に活用する手立てを模索してほしい。読み聞かせや巡回だけでなく他にも活躍の場がないだろうか。

- 対教職員

　　この学校では教職員の間で多忙感や疲弊感が蔓延しており、好ましい組織風土とはいえない。他方でウチソト意識も見受けられ、教職員内部

で何とか解決していこうと抱え込む姿勢にも問題がある。まず保護者も子どもを挟んで一方の当事者であること、子ども達は学校だけで育っているわけでなく地域に守られ育っていることをあらためて教職員に理解させなければならない。読み聞かせについては司書教諭との相談が必要。年間の教育活動の中でどのようにどの程度関わってもらうか教務主任と計画を立てる必要もある。教職員のネガティブな空気を払拭し、新しいことに前向きに向かう雰囲気の醸成を校長としては果たしたい。

- 対保護者

　このような状況では保護者の間でも不安や噂話が広がっていることが予想される。臨時の学校教育説明会を保護者（ないしは地域向け）に開催し、学校と子どもたちの現状と課題を率直に話し、解決のためには保護者の理解と協力が不可欠なことを訴える。学校ができることできないことの等身大の状況を理解してもらい、安心して通える学校となるよう教職員も一丸となって努力することはもちろんであるが、保護者・地域との連携を方針として明確に示し、協力を要請する。

- 対地域住民

　登下校の態度、挨拶、公園での遊び方などで今まで挙がってきた苦情を整理し、地域の代表者と懇談して、学校の現状と今後の学校の取組みを説明する（その際に、子どもの言動のどこがどのように問題なのか、新興住宅の子どもや親の教育力の問題なのか、以前からある地区の子どもや親には問題はないのか、教師の指導力や指導方法に問題はないのかを客観的に分析しておく）。また、学校を介さなくても直接子どもを注意してもらえる関係づくりをめざして、地域と子どもたちの交流の機会を増やしていく視点も不可欠である。定期的な学校開放や授業公開を行い、学校を開いていくことにより、子ども達や学校に対する保護者や地域の理解を促し、日常的な支援をお願いし、応援団になってもらう。

Column 〜まずは地域を信頼するところから始めよう

　再開発地域は子どもを守るための組織ができていない可能性がある。それゆえ、ＰＴＡ組織の協力を得て、再開発地域組織の役員に学校教育への協力依頼をして関係組織を立ち上げてもらい、健全育成活動の推進をお願いする。新・旧の住民感情のズレなどにも一定の配慮が必要であるが、まずは胸襟を開いて地域を信頼するところからはじめてみよう。また、教職員の抵抗感の背景に別の要因がある可能性があることにも注意したい。導入の前にリストラクチャリングの視点が不可欠であることを蛇足ながらおさえておきたい。

【参考文献】
佐藤晴雄編『地域社会・家庭と結ぶ学校経営―新しいコミュニティ・スクールの構図をどう描くか』1999年、東洋館出版

MEMO

Case 13　対立する二つの自治区のはざまで

　20年ほど前、Ａ小学校とＢ小学校の児童数が増えてマンモス校となり、二つの小学校から分離してＣ小学校ができた。そのため、Ｃ小学校区には二つの自治区が存在している。一つは昔から住んでいる地元の人たちが多い地区（以下ａ地区）で、もう一つは新興住宅地（以下ｂ地区）である。両自治区とも日頃から学校行事や地域の危機管理等に関心が高く、積極的に参加するが、対立意識が強く、学校としての対応に困ることがある。

　たとえば、両地区とも校区内の危険箇所を見つけると、すぐに市役所に申し入れ改善を促してくれる。しかしながら、互いにその件数を競っており、学校を通して相手の件数を探っていたりもする。

　そのため、ｂ地区が、交通安全月間として校区内で交通指導を徹底してはどうかと提案した時には、ａ地区からは、交通指導はかねてより実施しており、特別月間を設ける必要はないと反対意見があった。

　また、ａ地区からの依頼で、地元神社の奉納相撲大会への出場を案内した時には、ｂ地区の一部保護者からは、宗教的行事に学校が協力的な態度をとるのはおかしいというクレームがあった。学校としては、休日開催であり保護者同伴の行事であったため、健康や地域の行事へ目を向ける機会となればと考えて案内したのであった。

　このように二つの自治区はたびたび対立し、そのたびに学校は板挟みの状態になっている。

　学校では、本年度から体験活動の一環として花づくりを実施し、校内や学校周辺の環境美化に取り組むことを計画している。ａ地区には農業関係者が多いことから、ａ地区が主導する形になると予想できるが、そうなると、ｂ地区から何らかのクレームが入るのではないかと考えられる。

問1　あなたはこの学校の現状をどう捉えますか。

問2　今回の環境美化活動を円滑に行うために、両自治区にどのように対応していきますか。

MEMO

Case 13　解説

＊ケース作成の意図

　学校と家庭・地域社会との協働・連携は学校運営上欠かすことのできない要素である。また、それぞれの状況は常に変化し続けていると考えなくてはならない。本ケースは、校区内で対立する二つの自治区にどのように対応するか、保護者や地域住民との円滑な協働・連携をどのように進めていくかを問うものである。事例では二つの自治区の対立に焦点があてられているが、共に学校に貢献していると言える。対立場面ばかりにとらわれず、両自治区を資源として活かすという視点に立ってほしい。また、自治区の対立の背景や状況を正確に把握できているか、学校主導で連携を考えているかについて、さまざまな観点から検討し、子どもたちのために何ができるかを共に考える地域づくりを目指してしてほしい。

＊専門職基準との関わり

　本ケースは専門職基準5「家庭・地域社会との協働・連携」、専門職基準7「学校をとりまく社会的・文化的要因の理解」にかかわっている。

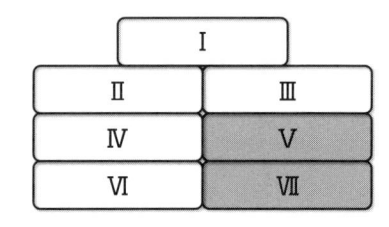

　まずは、二つの自治区との協働・連携の意義を校長自身が理解している必要がある（専門職基準Ⅴ下位項目1）。その上で、対立の状況を正確に把握し（専門職基準Ⅴ下位項目2）、それぞれの自治区を尊重し、公平・公正に対応していくことが必要である（専門職基準Ⅴ下位項目5）。そしてそれらの前提として、自校が存在する自治体の状況を十分に理解しておく必要がある（専門基準Ⅶ下位項目3）。

*回答例

問1　あなたはこの現状をどう捉えますか。

- 表面上の対立のみならず、対立の背景、状況を正確に把握することが必要である。たとえば、新興住宅地の造成には反対運動が起こりがちであるが、その運動に端を発する地元住民の反発や反感はないのか、学校外での対立はないのかなど正確な情報を収集する。
- 地域に任せて学校がイニシアチブをとれておらず、自治区の対立に積極的な解決策をとっていない。
- 多くの学校には評議委員制度があると考えられるが、その制度を活かしきれていない。
- 両者の対応に困ってはいるが、両自治区とも学校に積極的にかかわってくれるありがたい存在であることを再認識し、ネガティブに受け取らないようにする。

問2　今回の環境美化活動を円滑に行うために、両自治区にどのように働きかけ、対応していきますか。

　環境美化活動の主旨説明の場を設け、子どもたちのための活動であるという共通認識を持ってもらう。説明の場では、まず、日頃の感謝を伝え、和やかな雰囲気づくりをするとともに、地域住民に学校への貢献を実感してもらえるよう配慮する。また、学校主導の活動として位置づけ、各自治区の役割については学校側が事前に決めておくか、もしくは話し合いで決めることを原則とする。

　事前に決めておく場合は、対立の新たな火種とならないよう、両自治区に対して公平に役割を分担する。農業関係者が多いため、a地区が主導に見える役割分担になることが予想されるため、b地区にその旨を説明できるよう準備しておく必要がある。また、参加者全員が花づくりに精通すれば、次年度以降はそれぞれが環境美化活動に取り組むことができ、校区の美観が保た

れるなど、長期的な視野を持ってもらうことも有効であろう。

　話し合いで決める場合は学校がイニシアチブをとり、どのような協力が可能か意見を出してもらい、公正な判断のもとに決定する。また、どちらにも偏らない話し合いの場を持つだけではなく、事前にどちらかに根回し、相談することのないよう終始、公平で公正な対応が望まれる。

　活動の内容については学校のホームページ等で公開し、両自治区が学校活動に貢献できたことを実感できるようにする。

　以上のことを、校長を含めて全教職員を巻き込んで学校全体で取り組み、この活動を契機にこれまでの根深い対立関係を払拭し、連携を深めていく出発点と位置づける。

　具体的には、既存の評議委員会などの組織とは別に実行委員会をつくり、学校主導で意見交換を進めてくことで、新しい連携を築いていこうとする学校側の姿勢をアピールすべきであろう。学校側は両自治区の良好な関係を構築しようとしているというメッセージを送ることが今後の関係構築の一助となるであろう。

Column ～信頼関係は相互から

　「地域に信頼される学校づくり」は学校方針に挙げられるなど、学校運営上欠かせない要素となっている。その一方、信頼されることに気を取られすぎて、学校が地域を信頼しているのかという視点を忘れてしまっていないだろうか。学校が主体的に信頼できる地域づくりをリードし、相互の信頼関係を築いていくことが望まれる。

MEMO

Case 14 本来は力のある教員と同調的な教師集団をどう変えていくか？

　二瀬農中学校は、学校全体としては落ち着いているように見える。しかし最近、校長Aにはとても気になることがある。それは、第一学年の教師集団である。その学年のあるクラスには、授業中に思いついたことを突然口に出したり質問したりする男子生徒Bがいる。Bは小柄でややぽっちゃりしていて、目つきが少し鋭い。

　校長Aは以前、生徒Bに関して次のような話を聞いたことがある。理科教員によると、休み時間に、生徒Bが数名の男子生徒からちょっかいをかけられていたことがあったが、そのときはグループ内でふざけ合っているようにしか見えなかったと言う。

　社会科の教員は、「Bは授業中よく発言をしてくれて、授業のムードがよくなってますよ」と話す。一方、英語科の教員は、「『なんでそうなるの？納得いかない！』とかBが言い出すから、たまに授業がストップしちゃうんですよねぇ」と話していた。

　生徒Bは、昼休みに時折、保健室に話をしに行っている。養護教諭から見た生徒Bの印象は、特に歴史に興味があり、自分が知っている事は夢中になって楽しそうに話すということだった。また、養護教諭の話では、同じクラスの女子生徒達が、

　「あいつ（生徒B）、ついてくるよね、なんか」

　「そう、やめてほしいよね。この前男子達が『お前（生徒B）、女好きなんじゃないの？』って言ったら、Bはすげぇ怒ってた」

などと笑いながら話していたのを聞いたそうである。

　生徒Bの担任Cは教職経験20年、二瀬農中学校在任4年目である。担当教科は数学で、第一学年団でも中心的役割を果たしており、生徒会活動の校務分掌も担当している。リーダータイプの生徒の指導は得意としているが、

おとなしい生徒の指導ではやや的外れの言動が見られる。担任Cの話では、日頃から生徒Bの対応には苦慮しており、生徒B自身の問題点や改めてほしい点をクラスの生徒から聞き取り、2週間前に生徒Bに直接伝え改善するよう指導をしたとのことである。校長Aは、その対応の仕方に愕然としたものの、担任Cは普段から管理職からの指導に対しては聞く耳を持とうとせず、気むずかしい性格であるため、その時は何も言わなかった。

その後の学年会議では、同じく生徒Bの対応に苦慮している教員が第一学年団10人のうち7人もおり、生徒Bに対して否定的な見方をもっていることが発覚した。そして担任Cに対して

「Bが直さなきゃいけない所があるよね」

「大変ですね、C先生も」

などの発言が出たそうである。生徒Bはというと、担任Cの指導にショックを受けた様子だったが、負けず嫌いのBはそれでも登校して普段の学校生活を続けている。

数日後、生徒Bの母親が学校に来て、校長に面会した。その内容は自分の息子がクラスでからかいを受けるなど、嫌な思いをしているのに、担任Cは何もしてくれないということだった。

問1　担任Cを含めた第一学年団の問題点を整理してください。

問2　生徒Bの母親に対して、校長としてその場でどのように対応しますか。

問3　校長として、担任Cや学年団にどのようなことを指導しますか。

Case 14　解説

＊ケース作成の意図

　余程の問題行動を起こさない限り、一人の生徒への指導について事細かに学年で共有していることは少ない。また、発言力のある教師の意見に影響され、生徒に対する見方が一面的に陥ることがある。本ケースで扱う二瀬農中学校でも、一人の生徒Bへの対応の問題点が次第に大きくなり、気づいたときには、学年団の教員全体の見方が固定化されてしまう事態になっている。このような場合に、組織の風土を根本的に変えるにはどのような手だてが必要となるかを考えなければならない。

　そのためには、教職員間で一人ひとりが自分の考えを発言しているかどうか、他のクラスのことに疑問や違和感を感じても互いに意見を言いにくい雰囲気がないかどうか、を振り返る必要がある。ケースにあるように、学年教員集団の雰囲気が同調的である場合、その場で違和感を口にすることはむずかしく、共有すべきではない認識まで無批判に受け入れてしまう恐れがある。

　ここでキーパーソンとなるのは、やはり担任Cである。管理職からの指導を受け入れないということで、苦慮する面も多々あるとは思われる。しかし、生徒会に関する分掌担当や第一学年団での存在感から考えても、この担任Cの協力をうまく引き出すことができたならば、心強い戦力となるだろう。そのためにはどのような手だて必要となるか、考えてほしい。

＊専門職基準との関わり

　本ケースは専門職基準Ⅱ「教育活動の質を高めるための協力体制と風土づくり」を念頭に置いて作成している。小項目3「児童生徒の学習意欲を高める学校環境」、小項目4「教職員の意欲向上に基づく教育実践の推進」を果たすためには、小項目1「児童生徒の成長・発達に対する校長の責任」を自

覚し、教職員への働きかけを行っていくことが重要となる。

また、専門職基準Ⅴ「家庭・地域社会との協働・連携」との関連も重視しているのは、特に保護者のニーズを汲み取りながら教育活動を行っていくために、バランスのとれた開かれた教職員の意識と組織風土を形成するように、校長がリードすることを求めているからである。

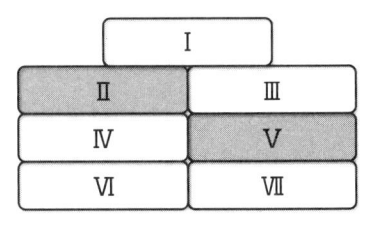

＊回答例

問１　担任Ｃを含めた第一学年団の問題点を整理してください。

- 生徒Ｂへの指導方法（対応方法）

　まず基本として、生徒Ｂがクラスになじめていない原因を、生徒Ｂ自身に求めてはいけない。また、第一学年団もそういった見解に同調すべきではない。担任Ｃの指導方法そのものが問題である。生徒Ｂに不利な情報を伝えただけに留まらず、クラスの生徒から事情聴取をするなどあってはならないことであり、教師の「指導」とは言えない。

- 担任Ｃへの安易な同調

　学年会議の場面で、担任Ｃの意見に同情する意見が学年団から出てきている。そこで必要なのは担任Ｃへの同情ではなく、担任Ｃが困難を抱えていること、そして生徒Ｂも困難を抱えていることへの共感である。

- 問題の非共有

　上記とも関わってくるが、問題に対して同情するに留まり、取り組むべき課題として共有化がなされていない。

問2 生徒Bの母親に対して、校長としてその場でどのように対応しますか。

- 生徒Bが嫌な思いをしたという事実への共感と対応方針の説明

　本ケースの場合、生徒Bがクラスの生徒たちから被害を受けているという確証があるわけではない。ただし、生徒Bが他の生徒からからかいを受けており、生徒B自身がそれを嫌だと感じている。生徒Bの自宅での様子を聞きながら、からかいを他の生徒にやめさせるように指導する方針を伝える。

- 学校が把握している情報の提供

　担任Cから生徒Bに対して行った指導についての情報を母親に提示するかどうかは判断が分かれる。ただ、養護教諭や社会科教員が述べた生徒Bのいい点は、きちんと管理職も把握しているというメッセージになると考えるので、提示したほうがいい。

問3 校長として、担任Cや学年団にどのようなことを指導しますか。

- 担任Cの抱える困難への共感

　担任Cの抱える困難さへの共感が第一であろう。担任Cは学年団の中心でもあり、指導力も高い存在である。うまくモチベーションを引き出すことができれば、協力してくれることが期待できる。この場合、管理職の立場で直接指導をしても、担任Cは反発するという可能性がある。そこで、これまでの担任Cの苦慮や苦労の経過を充分に聞き出し、共感しながら一緒に対応を考えていこうという姿勢を示すことが重要である。

- 生徒Bに対する見方を変える

　生徒Bは教科によっては積極的に取り組んでいるという面が見られる。そういったプラスの面を他の教科でも引き出すことができるような授業の工夫改善を話し合い、情報を交換し更新しながらBに対する見方を変えていくことが重要である。学年団の見方が先に変わることができ

れば、学年団から担任Cへポジティブな情報を伝え、担任Cの見方の変化にもつなげていくことができる。

また、生徒B自身が直すべきところという視点ではなく、より円滑なコミュニケーションが他の生徒と図ることができるよう、養護教諭等を介してトレーニングを行うことを提案したい。

Column ～プラスイメージで語られがちな「協働」

学校現場では、「協働」というキーワードがよく用いられるようになった。ただ、この「協働」は万能論化しているように思える（水本 1996）。そこでは「協働をしてどうするのかという目的の部分が欠如している」と指摘される。すなわち、「協働」することの重要性は理解されていても、目的が欠如しているために、「協働」すること自体が目的に転化してしまってはいないだろうか。

また、どんな組織でもコンフリクト（すれ違い、衝突）が存在する（桑田・田尾 1998）。学校組織でもコンフリクトの発生は例外ではなく、そういったコンフリクトの可能性を考えると、「協働」することは容易ではない。「協働」することが強いられるようになれば、それは同調圧力に転化する。さらに、「協働」している状態が理想的なものとされれば、少しのいさかいも許容されず、意見が言えない雰囲気ができてしまう恐れもある。容易でないからこそ、「協働」する目的を問い直し続けることが重要なのである。

【参考文献】
桑田耕太郎・田尾雅夫『組織論』有斐閣、1998年。
水本徳明「課題提起：学校経営言説における協働化」『日本教育経営学会紀要』第38号、第一法規、1996年、154-156頁。

Case 15 先生、熱が下がりません

　A中学校は、毎年11月に大阪・京都・奈良方面への2泊3日の修学旅行を実施している。今年度の2年生は7クラスで、生徒数は270名、引率教職員は校長・養護教諭を含む13名であった。
　修学旅行の1週間前、A中学校では新型インフルエンザの罹患者が数名出た。同じように新型インフルエンザの罹患者が出た市内のB中学校は、修学旅行を延期する判断をした。B中学校は、市内のはずれの過疎地域にあるため、2年生は1クラスで33名という小規模の中学校である。A中学校はB中学校とは異なり生徒数も多く、延期した場合の代替のホテルの手配や日程調整などが難しいと判断して実施を決定した。
　出発前日、学校では2年生担当教員による持ち物・服装検査の事前指導を行い、その後、旅行の日程を伝えて生徒を帰宅させた。その日は生徒数名が欠席していたため、各担任は電話で翌日の連絡事項を伝えた。
　出発当日、全員が参加して修学旅行に出発した。1日目は大阪城と海遊館見学である。前日欠席した2年3組の大倉信吾が「頭がいたい」と訴えたので、本人が持参していた薬を飲ませた。また、「どうしても見学したい」と希望したので、養護教諭と一緒に参加させた。見学後、大倉は食欲もあり元気で、京都の宿舎でみんなと一緒に夕食をとった。ところが、消灯を過ぎた午後11時30分頃、大倉の班の班長が大倉の体調が悪いと連れてきた。そこで、養護教諭と一緒に別室で就寝させたが、午前3時頃、熱が39度に達したため、養護教諭が引率して急患センターへ連れて行った。急患センターでは新型インフルエンザ陽性の判定が出たため、宿舎に戻り、養護教諭の部屋からさらに別室に移して隔離した。その後、大倉と同室だった生徒3名も頭痛を訴えてきた。この3名も高熱を出したため急患センターで受診させたが、発熱直後で検査してもインフルエンザか否かの判定は出ないと診断された。そこで

3名をホテルに連れて帰り、大倉とは別室で寝かせた。

2日目の朝、別のクラスの女子生徒数名が「気分が悪い」と訴えてきた。その日は、タクシーによる班別自主研修で、生徒達はとても楽しみにしている。一方、大倉は、相変わらず熱が下がらないので、両親に迎えに来てほしいと連絡を入れた。しかし、「仕事が休めないし、新幹線の旅費が出せないので、教師が引率して連れて帰ってきてほしい」と言われた。また、前夜から具合の悪い3名の生徒は、熱は37度台になっていたが、今朝もう一度、急患センターで受診させ、新型インフルエンザか否かの判定を受けなければならない。

問1　校長として修学旅行前にどのような指示を出すべきだったのでしょうか。

問2　あなたが校長であれば、この修学旅行を続行しますか。それとも中止しますか。
どちらの判断の場合も、その後、どのように対処しますか。
また、罹患者や他の生徒、教職員など全体への対応について、それぞれ答えてください。

Case 15　解説

＊ケース作成の意図

　本ケースでは「校外活動での危機管理」をとりあげ、修学旅行先で新型インフルエンザの罹患者が出た場合の対応について考える。

　旅行の一週間前に罹患者が出たが、ホテルの手配や日程調整が困難であると判断し、修学旅行の実施を決定した。しかし、旅行先で一人の生徒にインフルエンザ陽性の判定が出たうえ、さらに体調不良を訴える生徒も出てきた。このような場合、校長はいかに対処するべきであろうか。また、修学旅行前にどのような手だてを打っておくべきだったのだろうか。

　学校から離れており、かつ不慣れな地における危機的状況に対し、校長としての対処の仕方が求められている。

＊専門職基準との関わり

　私たちは日々、台風、水害、交通事故、感染症、テロ等の自然災害に加えて、社会的災害、人的災害などを目にしたり、ときには遭遇することもある。なかでも、東日本大震災の残した爪痕と教訓は私たちの記憶に新しい。突発的に起こる緊急事態にどう備え、どう対処していくべきかが問われている。その際、学校に求められるのは「危機管理体制の確立」である。

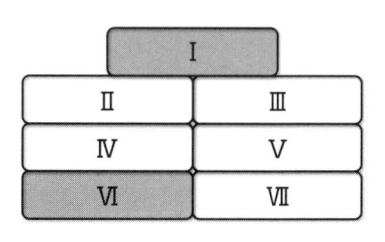

　本ケースでは、校外学習における不測の事態が発生した時の校長のマネジメント力が問われている。このケースは専門職基準4「諸資源の効果的な活用と危機管理」の「4」危機管理体制のための諸活動のリード」と関連する。また、生徒が安全な環境の中で学習活動に取り組めるように、事前に対処す

る「リスク・マネジメント」および緊急時の「クライシス・マネジメント」の両面からの検討と判断が求められ、リーダーとして具体的な対処法を教職員および保護者と共通理解を図る事が必要である。よって、基準1「学校の共有ビジョンの形成と具体化」、および、基準6「倫理規範とリーダーシップ」にも関連する。

＊回答例

問1　校長として修学旅行前にどのような指示を出すべきだったのでしょうか。

　本ケースは校外における危機対応を問うものであるが、そのような事態に陥らないためには、事前にその予防策を検討することが必要である。このケースでは、出発前日も数名の生徒が欠席している。このことから、インフルエンザの集団罹患は予測できたといえる。旅行までの一週間の間に、集団罹患の予知・予測を行うことや、教職員・生徒をはじめ保護者や旅行会社等との連携を計り、非常時の対応策を検討し準備しておくべきである。それらの事前準備があれば、事態が悪化することを未然に防ぐことができる。

- 教職員に対して

　　修学旅行前に数名の罹患者が出たことから、出発までに、また出発後も罹患者が増えることが予想される。教職員として生徒の状況を常に詳細に把握しておく必要があろう。前日に欠席した生徒についても、保護者と綿密な連絡を取り合い、健康状態を十分に把握しておきたい。また、罹患者を増やさないための予防策を検討し、日々の経過観察の中で、生徒の健康状態を分析・検討することが必要であろう。さらに、今後発生する危機的状況を想定し、緊急時のマニュアルを作成し、教職員の役割分担の再確認および再検討が求められる。また、修学旅行のような校外行事では、対応できる教職員の数が限られているため、旅行会社と保険の確認や医療施設の場所・連絡先等を把握し、外部の協力が得られるよ

うな準備が必要であろう。
- 生徒に対して

 修学旅行は集団学習の場であると同時に、生徒にとっては一生心に残る特別な思い出になる行事である。生徒が、自ら安全で安心して校外活動に参加することができるよう日頃から準備をさせておきたい。例えば罹患者の増加を防ぐために手洗い・うがい等を徹底させること、また緊急時にも慌てず行動できるよう、日頃から生徒のリーダーの育成や班行動の訓練を行う必要があろう。

- 保護者に対して

 インフルエンザ等の感染症は、いつ誰が発症するかわからない。特にこのケースのように旅行先で発症した場合、保護者のサポートが不可欠になってくる。事前に全ての保護者に対して、罹患時の対応について了承を得ておくことも必要ではないだろうか。

> 問2 あなたが校長であれば、この修学旅行を続行しますか。それとも中止しますか。
> どちらの判断の場合も、その後、どのように対処しますか。
> また、罹患者や他の生徒、教職員など全体への対応について対策を答えてください。

 あなたは校長として、生徒にとって特別な行事である修学旅行を続行するか否かの判断を下さなければならない。そこでは、何を基準に誰とどのような協議をして決定すればよいのだろうか。様々な事柄に対応すべく、その協議の相手としては、教職員・生徒・保護者に加え旅行業者や宿泊先、医療機関等を想定しなければならない。緊急事態の際の、校長の適切かつ迅速な判断が求められている。修学旅行を続行するか否かの問題については、旅行を決めた理由として、A中学校の場合は生徒数が多く日程調整等も困難で、B中学校のように中止にするわけにはいかなかったことがあげられたように、学校それぞれの判断基準があると思われる。あなたの学校の判断基準は明確であろうか。そして、その判断基準は教職員に理解されているだろうか。

 ここでは旅行を続行する場合の対応について回答する。

まず、生徒の健康と安全が第一であり、これ以上罹患者を増やさないよう対処すべきである。罹患者の待機場所を確保することや保護者への連絡および説明を行う必要があるだろう。また他の生徒に対する配慮も不可欠である。生徒が動揺しないように、教職員は丁寧に現況を説明し、さらに、生徒の協力を得られる態勢を整える必要があろう。また教職員以外の外部スタッフ、具体的には旅館をはじめ旅行業者や医療機関者との連絡や連携が不可欠となろう。

　また、旅行後の生徒・保護者へ対応も含めて、次年度に引き継ぐべき事項等についても考察してほしい。危機管理体制については、検討を重ねながら、継続して構築しなおすことが重要であり、教職員間で反省点や課題を明らかにしたうえでその教訓を次年度に活かしていくという姿勢が求められる。

Column 〜校外学習中の事故を未然に防ぐために

　新型インフルエンザのような疾病については、まず未然に防ぐ努力を怠らないことが肝心であろう。具体的には、インフルエンザはどのような症状がでるのか、また、未然に防ぐにはどうすればよいのか等を理解し、その対応を心得ておくことが必要である。厚生労働省のホームページではインフルエンザに関する情報が掲載されており、メール登録をするだけで感染症情報を定期的に受け取ることができる。また、日頃から生徒の欠席の理由等を十分に把握をしておくことは、校外学習の続行・中止を検討する上で役に立つ。特に、修学旅行などの不慣れな地での行事では、事前の実地調査が不可欠であり、旅行ルートの近隣の施設（病院や保健所）、交通機関（所要時間、道順、集合場所、待機場所）を複数の教職員で確かめることが必要となってくる。

【参考文献】
学校危機管理研究会『学校と危機管理―こんなときどうする』2001年、小学館
橘とも子他『公共機関・企業のための実践新型インフルエンザ対策―住民をパンデミック

から守るには』2009年、ぎょうせい
厚生労働省　インフルエンザ対策
http://www.mhlw.go.jp/stf/seisakunitsuite/bunya/kenkou_iryou/kenkou/kekkaku-kansenshou/infulenza/index.html

MEMO

Case 15　先生、熱が下がりません

平成　　年　月　日

○学年　保護者　各位

○○高等学校長

突発的な病気や事故等による修学旅行不参加についてのお願い

　寒冷の候、保護者の皆様方にはますますご健勝のことと存じます。
　さて、修学旅行が直前に迫りましたが、2年生の生徒数名がインフルエンザを発症しています。医師の診断によりますと、罹患した生徒たちは1月23日（月）までには回復し旅行に参加できる見込みですが、今後、出発の朝までに同様のインフルエンザの症状が出た場合、次の指示に従っていただきますよう、よろしくお願いいたします。

> ※ **インフルエンザの症状**とは、
> 　　３８度以上の熱　と　咳・鼻水・のどの痛みなどが重なった場合をいいます。

【１月２１日（土）・２２日（日）に、インフルエンザの症状が出た場合】
（１）直ちに救急病院等において、医師の診断と指示を受けてください。
（２）医師の診断結果を直ちに担任に連絡してください。場合によっては不参加の手続きを取らせていただきます。

> ※　医師により休養（不参加）の指示を受け、担任と連絡が取れない場合、
> 　　旅行業者（　　　　　）の　　○○氏＜携帯：　　　－　　　－　　　＞へ、
> 　　直接キャンセルの申し出をすると、連絡日により異なりますが、キャンセル料
> 　　が安くなります。
> 　　＜キャンセル料の確認＞　　１月２１日（土）・・・・　　，　　円
> 　　　　　　　　　　　　　　　１月２２日（日）・・・・　　，　　円
> 　　　　　　　　　　　（出発当日）１月２３日（月）・・・・　　，　　円

【出発日の朝：１月２３日（月）に、インフルエンザの症状が出た場合】
（１）直ちに学校（担任）へ、連絡してください。
（２）その後、医師の診断を受け指示に従ってください。

※　＜インフルエンザの症状が出た場合＞のお願い
　生徒達が楽しみにしていた修学旅行ではありますが、無理をして修学旅行に参加したとしても、本人はホテルで１日中療養することになります。また、インフルエンザは感染力が強く、周囲の友達にも感染させる恐れがあり、多くの人に迷惑を掛けることになります。
　したがって、誠に残念ではありますが、引率すべきではないと判断いたします。ご理解とご協力の程、よろしくお願いいたします。

※　その他（インフルエンザ以外）での、突発的なケガや事故、病気等による修学旅行不参加の場合も上記と同様、直ちに担任や学校等にご連絡ください。

Case 15　先生、熱が下がりません

　　　　　　　　　　　　　　　　　　　　平成　　年　　月　　日

　　　　　　　平成　　年度　修学旅行団体保険について

　平成　　年1月　　日（　）〜　　日（　）＜3泊4日＞の修学旅行における団体保険について、別紙のように契約いたしますので、ご了承の程、よろしくお願いいたします。
　契約内容については、下記のようになります。

　　　　　　　　　　　　　　　記

　1　国内旅行総合保険（基本保険）　　保険料　300円／1人
　　（1）傷害保険（事故等でケガ等をした場合に適用）
　　　　①死亡・後遺障害　　　　1,000万円
　　　　②入院保険金（日額）　　7,000　円
　　　　③通院保険金（日額）　　4,400　円
　　（2）賠償責任
　　　　（旅行中、事故等で、ガラスを割った場合や、
　　　　　　　　他人にケガをさせた場合など、損害を与えた場合に適用）
　　　　④賠償保険金　　　　　　2,000万円
　　　　　（支払限度額）
　2　航空機欠航保障プラン（任意保険）　保険料　135円／1人
　　　　（渋滞等でバスが遅れて予定の飛行機に乗れなかった場合や、
　　　　　飛行機のトラブルで欠航になった場合など、延泊が必要なときの経費）
　　　　保障支払限度額　　　　　15,000円

　　　　契約保険料　合計　435円／1人　の支払いになります。

Case 16 A男とB男の決闘の果てに…

　I中学校では、教職員が授業妨害や暴力行為等の問題行動を繰り返す2年生の一部の生徒への対応に多忙を極めていた。中学校入学前に、小学校の6学年担任からは、「友だち関係がうまくいっていない」「教員の話を聞かない」など、問題行動を起こす児童が多い学年であることを聞いていた。

　入学後、問題を抱える数名の生徒を中心にした授業妨害が始まった。1年生の3学期末には、複数のクラスで授業妨害やエスケープ、暴言等がエスカレートし、学校としての危機感が高まっていた。2年生に進級したものの、教職員は、4月から休み時間も教室や廊下に留まり、交代で校内の見回りを開始する状況になっていた。

　2年1組のA男は、学級内での人間関係のトラブルもあり、次第に遅刻や欠席が増え、1年生の3学期ぐらいからほとんど登校しなくなっていた。しかし、2組のB男が学年で一番のボスになっていることを聞くと、B男の様子をみようと思ったのか、最近は登校するようになった。その度に、B男とは、些細なトラブルを起こしていた。

　7月のある日の昼休み、普段からことあるごとに対立していた1組のA男と2組のB男が、どちらが強いか決着をつけるために、それぞれ数名ずつを従え、体育館の裏で決闘に及んだ。そばにいた生徒たちは手出しをしないという約束で見守っていたという。A男がB男の左眼のあたりを殴ると、B男は地面に倒れた。そして、眼を押さえてうずくまり、動かなくなってしまった。そばにいた生徒は、倒れたB男の姿を見て驚き、慌てて職員室に知らせにきた。

　病院に搬送されたB男は、網膜剥離を起こし、失明に近い大けがをした。B男は入院、そして手術をしなければならないという。B男の保護者が、A男を訴えると言い出した。

問1　今回の事件が起こる前に、学校としてどのような対応ができたでしょうか。

問2　B男の保護者が法的手段に出ると訴えてきた時に、校長としてどのように対応していきますか。

MEMO

Case 16　解説

＊ケース作成の意図

　どの学校においても、一部の生徒の問題行動や生徒同士の些細なトラブルはあるのではないだろうか。しかしながら、そのことを見過ごし、適切な対応を取らなかったことで、それらが複雑に絡み合い大きなトラブルや事件に発展する場合がある。

　I中学校では、入学前から問題行動を起こす生徒が多いことが、事前に報告されていた。その学年が2年生になり、これまでのトラブルから教職員が危機感を募らせ見回りを開始した矢先に起きた事件である。

　本ケースでは、事件が起こる前にどのような対応ができたのかを考えたい。また、事件が起こった後に、校長としてどのように対応すべきかを検討し、危機管理のあり方について考えたい。

＊専門職基準との関わり

　本ケースは、事前に対応できたはずの「リスク・マネジメント」を放置したために起きた「クライシス・マネジメント」を扱っている。専門職基準との関わりでは、基準Ⅳ「校長は、効果的で安全な学習環境を確保するために、学校組織の特徴を踏まえて上で、学校内外の人的・物的・財政的・情報的な資源を効果的に活用し運用する」に関連する。特に下位項目（4）の「危機管理体制のための諸活動のリード」との関わりが深い。

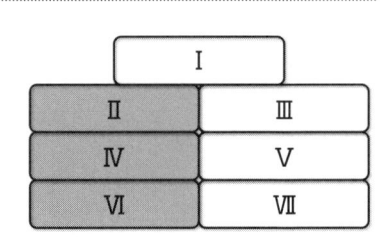

　また、基準Ⅱの下位項目3）「生徒あらゆる児童生徒が、安心して高い意欲をもって学ぶことができる環境を校内に形成するように教職員をリードする」や基準Ⅵの下位項目（2）「自らの豊かな教育経験と広い視野に基づいて、

児童生徒の最善の利益を優先しながら、校長自身の意思をあらゆる立場の人に対して説得力をもって明確に伝える」に関連している。

＊回答例

問１　今回の事件が起こる前に、学校としてどのような対応ができたでしょうか。

　本文からは、中学校入学前に小学校の６年担任から問題行動についての情報提供があったにもかかわらず、１学年終了時まで積極的な対応をしてこなかった様子が読み取れる。学内外の諸資源を活用し、危機に強い組織・風土づくりに努めたい。

入学前の対応
- 小学校に情報提供を依頼し、生徒の状況（友人や先輩等の人間関係や性格、成績）を把握し学級編成に活かす。
- 人事異動や校内人事の面から考慮して、生徒指導において経験豊富な教員を配置し、学年の指導体制を強化する。

入学後の対応
- 入学後からすぐに校内の見回りを実施し、エスケープや授業妨害をさせないような日々の巡回、観察を継続する。
- 教員に生徒との人間関係を築かせ、問題行動の情報を事前に把握できるようにする。

進級時の対応
- 入学時の対応と重なるが、２年生への進級時に人事異動で担任教員の入れ替え、生徒の学級編成替えを行い、指導体制やクラス環境を整える。

授業妨害やエスケープ、教職員に対する暴言等がエスカレートした時の対応
- 問題行動のある生徒への指導を複数の教員集団、学年集団で進めることを基本として、学年集会などでの全体指導をあわせて行う。また、保護者の呼び出し、家庭訪問、校内謹慎等を行い、学年を落ち着かせる。

問2　B男の保護者が法的手段に出ると訴えてきた時に、校長としてどのように対応していきますか。

本文のB男のけがの大きさや保護者の様子から、法的手段に出てくることや校内で起こった事件であることから、A男の保護者のみならず学校の管理責任を問われることも想定されることから、事件発生直後から事態の収拾に向けた対応を心掛けたい。

事件発生後の対応
- 学年主任や各担任に指示を出し、当日及び当日に至るまでの事実確認を行わせ、事件発生の経緯をまとめさせる。
- B男の保護者に対しては、まず学校の管理下で暴力行為があり大けがを負わせたことを謝罪し、事件にいたった経緯と今後の学校の取り組みを説明する。
- B男の保護者、A男の保護者との話し合いの場を持ち、仲裁を図る。
- 事件を考慮してB男の保護者には、警察に被害届を出すことを勧める。

法的手段に出てきた時の対応
- 教育委員会に事件発生の報告書を提出し、教育委員会と連携を図り、裁判で学校の立場を説明できるように、教職員の取り組みの状況やA男、B男の指導経過を整理しておく。

その他の生徒や保護者に対する対応
- 学年集会や保護者会を開き、生徒や保護者の動揺を抑える。

Column ～学校受難の時代、法化社会の中の学校

　本ケースでは、事件は校内の体育館の裏で起こったが、休日に校外で起こった場合は、学校の責任は問われないのであろうか。たとえ校外で起こった出来事だとしても、学校内のトラブルが原因だった場合に、学校は全く無関係とはいえない。

　その際に争点になるのは、事件の予見可能性である。校長には、日頃から学校内で目を配り、生徒たちへの指導・監督に落ち度がないように取り組み、生徒たちに安全な環境を提供する責任があり、そのような組織づくり・風土醸成を行うことが求められている。

　また、最近の保護者の動きとしては、学校における「いじめ」などのマスコミ報道を通じて、学校で起きた事件・事故についての学校側の対応や調査・説明への不信感が強く、警察に直接訴えたり第三者による調査を要求したりするケースが増えてきた。こうした中、校内・校外を問わず、損害賠償を目的として事件・事故の責任を学校に問うことが予想される。したがって、以下のような判例を知っておくことも危機管理の上から重要となる。

　＜判　例＞
　1　けんかによる児童失明事件（大阪市立南市岡小学校）
　　昭和50年3月3日　大阪地方裁判所判決　（教育判例研究会編集『学校事故・学生処分判例集』ぎょうせい、第4巻）
　【概　要】
　　小学校6年生の女児甲が放課後同級生の男子乙とけんかをして、左眼を殴られ、失明に近い状態になった。
　　判決は、乙の母の責任を認めたが、本件傷害事故は学校敷地内で起こったものではあるが、放課後しかも教職員の眼を盗んで行われたけんかに起因するもので、教育活動あるいはこれに密接に関連する生活関係から生じたものとはいえず、もはや校長や教諭の監督の及ぶかぎりでないとして、大阪市の責任を否定した。

2 校外暴力事件に対する損害賠償請求事件（大垣高校）

昭和56年2月25日　岐阜地方裁判所判決　（教育判例研究会編集『学校事故・学生処分判例集』ぎょうせい、第4巻）

【概　要】

私立高校の2年生の生徒が、同校の他生徒から学校外の路上で因縁をつけられて暴行を加えられたことについて、学校に対して損害賠償を請求した。

裁判所は、本件事故は同高校の教育活動の実践の分野とはなんらのかかわりをもたない事件であるとして、請求を棄却した。

3 公立中学校生徒間暴力事件（秋田県天王町立天王中学校）

平成7年9月22日　秋田地方裁判所判決　（教育判例研究会編集『学校事故・学生処分判例集』ぎょうせい、第4巻）

【概　要】

本件は、町立中学校で、3年生三名が休憩時間中に校内トイレで2年生の生徒一人に殴る蹴るの暴行を加えたことから、被害生徒が心因反応（退行状態）の症状に陥ったとして、学校側（天王町）、加害生徒（三名）及び加害者の両親に対して損害賠償を請求した事案である。

判決は、教師の直接的な指導監督下にない時間・場所で発生する暴力事件については、具体的状況下で想定される暴行事件発生の切迫性の程度に応じた指導・保護的措置を講じておれば足りるとの一般論に立脚し、暴行事件が発生することが予想される切迫した状況にはなかったとして、学校側の安全配慮義務（保護監督義務）違反を認めなかった。しかし、加害生徒三人の民法709条、719条による責任は肯定した。両親の責任については、加害生徒らは学校から服装に関して注意を受けることはあったが、本件のような暴力行為を振るうことまでは予見不可能だったと認定して、認めなかった。

【参考文献】
松本美代子、田中早苗編著『Q&A 学校事故対策マニュアル－法的対応から危機管理・安全対策まで』明石書店、2005年
伊藤　進著『学校事故賠償責任法理　私法研究著作集　第十三巻』信山社出版、2000年
浪本勝年、箱田英子、岩崎政孝、吉岡睦子、舟木正文著『教育判例ガイド』有斐閣、2001年

MEMO

Case 17 特定の教員、生徒の身だしなみ・生活態度等の乱れにどう対処するか。

　箱田中学校は、都心部にある中規模の公立中学校である。学校全体として、生徒、および、教員のモラルの問題が顕在化している。

　4月に着任した音楽科担当のK教員は、赴任直後から、スカートも短く派手な服装で出勤している。教頭からは何度となく、生徒を指導する立場にある教員としての品性について指導を受けている。

　9月に入り、1年間米国に留学していたAさんが3年生として復学してきた。Aさんは復学後、髪の毛は茶色になり、マニキュア、ピアスをして登校してくる。校則では、地毛以外の髪の毛の色は禁止、ピアス、マニキュアも禁止であり、担任のT先生は度々指導してきた。そんなある日、学校近くで外国語教室を開いている両親が、校長室に相談に来た。相談の内容は次のようなものだった。

　「うちの子が、髪の毛を染めていることを茶髪であるとして、他の生徒さんの前で指導されているようで、転校したいと言いだしています。ピアスに関しても、今の時代にどうしていけないのですか。アメリカでは当たり前な姿でした。国際文化に親しむ時代です。特にうちの家庭では、私の母がアメリカ人でアメリカ文化の影響を強く受けています。娘に対しては日本とアメリカ文化の双方を大事にするよう育ててきました。なぜ、ピアスや茶髪をうちの子だけが注意されるのかが分かりません。先生方の中でも、若い音楽の先生の茶髪はもっと派手で、スカートも短く自由な服装をされているというではありませんか。先生方は自由に振る舞い、子どもたちの自由だけを規制するのは矛盾していませんか」ということであった。

　Aさんの両親が帰宅したその夕方、2年生の生徒たちが廊下に6〜7人集まって話していた。たまたま校長はその前を通り、生徒たちが話していた内容を聞いた。生徒の話によると、図書室でテスト勉強をしていたところ、副

担任の国語のO先生が、同じクラスの成績の良い生徒たちだけにお菓子を渡していたという。どうして、自分のお気に入りの生徒たちだけにお菓子を、それもこっそり配っていたのかと不平や不満を言い合っていた。しかも、このことは今回だけのことではなく、以前からクラスで話題になっていると話していた。

問1 この学校で生じている、法令違反とは言えないが倫理的な問題となっているものは何か。

問2 長期的な視点から、1年を通じてどのような対策を講じますか。

MEMO

Case 17　解説

＊ケース作成の背景、設問の意図

　学校教育現場においては挨拶、服装、身だしなみといった品性が求められるが、その判断は、教職員個々人の裁量に任されており、明確な基準を共有していない場合がほとんどである。

　本ケースではそのような中で、具体的な事例を提示し学校内で教員のあるべき姿について再考を促している。特に本事例では国際文化の違いを背景としていることが問題の解決を難しくしており、時代の流れと共に変わりつつある文化の多様性を十分に理解することが問題解決に不可欠である。

　また、特定の子どもに対する教員のお菓子配布は、教員としての良識を問われる場面でもあり、事細かに規定出来ないルールの中で生じた生徒の不平や不満を取り上げ、服装だけにとどまらず教員の姿勢や行動を問うている。

＊出題の意図

　最初の問いでは、事態解決への入り口として問題を明確にし整理することにより、迅速な手だてを打つ方策を構築することが狙いである。

　次の問いでは、場当たり的な対策でなく、学校運営の中で長期的な視点から検討することにより、異動・進級による教員の入れ替わりが日常的である学校現場において、モラルの定着化を図ることが狙いである。

　いずれにおいても、内在するリスクや想定される弊害等を検討することにより、リーダーとして取るべき行動の優先順位を決定するとともに、いかなる心構えで学校運営に臨むかを多角的に考えることを求めている。

＊専門職基準との関わり

　専門職規準Ⅵ「倫理規範とリーダーシップ」は、教職員・生徒を統括する立場にある校長が、校内で生じた倫理的な問題に対し、どのように対処していくかがテーマである。個々の事象を学校全体の問題として捉えたとき、ケース後半のお菓子を配る教員が、生徒との信頼関係の回復を図らなければならない状況であると考えれば、専門職規準Ⅱの「教育活動の質を高めるための協力体制と風土づくり」とも関わってくる。

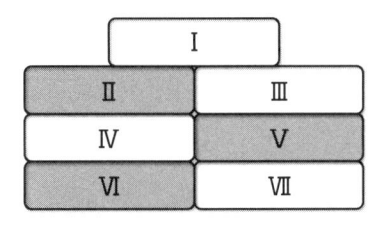

　専門職規準を拡大して捉えると、ケースに出てくる保護者と学校の、教職員と児童生徒の服装に係る二重の軋轢については、専門職規準Ⅴの「家庭・地域社会との協働・連携」とも関わりがあると言える。

＊回答例

問1　この学校で生じている、法令違反とは言えないが倫理的な問題となっているものは何か。

教員側の問題点
- 教員間に共有された服装規準がなく、捉え方によっては奔放とも見える服装の教員が存在し、少なからず校内の風紀を乱していること。また、生徒側からの視線に対する認識が低く、教育者としての自覚が低いこと。
- 国際文化の融合時に生じる軋轢に対する無理解、及び解決方針の欠如。
- お菓子配布に見られるように、教員の個人的な感情によって多くの生徒を預かっている学校現場にはそぐわない行動が表出していること。

生徒・保護者側の問題点
- 保護者の学校に対する苦情が強硬であり、学校側と話し合う余地を持

ち合わせていない。

問2　長期的な視点から、1年を通じてどのような対策を講じますか。

学校内

モラルの低下が既に顕在化しており、以下に示す様な対策・手だてを早急に打たなければならない。

- 教員としてふさわしい服装とは何かを考える場を持つとともに、指標となる服装規準を作成し、教職員に遵守を促す。
- 民間人講師を招きマナー研修会を定期的に開催する。
- 帰国子女に対する指導についての研修会を定期的に開催する。

対保護者

- 入学時等に明確な服装規準を提示し、学校と家庭での服装規準の認識の隔たりを埋める工夫をする。
- 帰国子女等、環境変化や文化の違いに対する教員と保護者の共同研修会を開催する。

Column ～別の視点から

　この状況を容認することにより、服装の乱れやモラルの低下が学校に蔓延していく恐れがある。また、対応の遅れにより改善が難しい状況に陥っていく可能性も大きい。

　閉鎖的な学校社会の中では、外部からの評価が受けにくい状況にあり、教員としての自覚・自制心の欠如が直接的には牽制されにくい状況にあるため、リーダーが朝終礼等で日常的に訓示するなどして、教員の理解を促すことが求められよう。また、国内に居住する外国人の増加を踏まえた時、社会や英語の授業に絡めて「変わりゆく現代社会における生活実態の変化の中で、どういう振る舞いが社会から求められるのか」について、折に触れ生徒に伝え

る指導技術を、教員が身に付けていくことも大切であろう。

MEMO

Case 18　国旗・国歌を巡る学校現場の対立にどう対応するのか

　公立Ａ中学校では、卒業式を目前に控えて、「卒業式を生徒たちの手でつくるようにさせたい。そういう意味では、国歌を歌うことを強制されることには反対である」と自らの考えを強く主張する教員がいた。３年担任の間でも、生徒に国歌を歌わせることに反対する教員がいる一方、「歌わせてもよいのではないか」「いや、むしろ生徒が歌えるように指導する必要があるのではないか」という意見を持つ教員もいる。こうした賛否両論があり、国歌の指導について意見や立場の違いが明らかに表面化してきた。教頭はそうした３年担任間の状況を把握していたので、すぐに校長に報告した。

　３年１組担任のＢ先生は、「国歌の歌詞の意味についてしっかり教えれば、『卒業式は自分たちの式だから、国歌は歌いたくない』と考える生徒が多いだろう。もし自分の意思で国歌を歌いたいと言う生徒がいれば、それはそれでよいことではないか。国歌を歌うか歌わないかについて、生徒に話し合わせてみてはどうだろうか。卒業式は国歌を歌うものであると学校側が指示するのではなく、生徒が国歌に関して、自分たちの考えをしっかり持てるように指導することの方が大切だと思う。私たち教員間でも、国歌の指導や取り扱いについては、様々な思いや考えがある」と述べた。

　それに対して、２組担任のＣ先生は次のように発言した。「国歌については、歌いたいという生徒もいれば、歌いたくないという生徒もいるだろう。Ｂ先生が言うように国歌について生徒たちに考えさせることは教育の場として大切なことである。しかし国歌を歌うか歌わないかの決定を生徒に委ねることには問題がある。教育では生徒の考えに任せてよい内容もあるが、国歌の指導は生徒の考えで決めるべきことではない。卒業式は学校行事だからこそ、その実施については学校側が主体的な責任をもち、国歌は生徒が大きな声できちんと歌えるように指導する義務がある。また指導にあたっては、教員の

価値観を生徒に押し付けるべきではない。公教育制度の中では、国歌を歌うように学習指導要領に明記されているから、それを遵守することは教員の責務でもある。公教育制度を否定して個人的考え方や価値観で国歌を歌うか歌わないかを決めることは許されない。Ｂ先生がいう生徒に考えさせる指導は必要だが、その決定を生徒に任せることは無責任であり、認められないと思う」と述べた。

　Ｂ先生とＣ先生の意見を聞いていたＦ先生は、「国歌の指導や取り扱いについては、これまでも学校現場で意見や考えの違いが表面化していました。しかしながら現在では、そうした対立の激化は陰を潜めました。でも、それだからと言って国歌を歌うのが当然であると考えることには反対です。本来、私たちには思想・良心の自由が保障されているからです。教師と言えども国歌を歌うか歌わないかは、本人の自由意思に任されるべきではないでしょうか。私が心配することは、国歌の取り扱いが原因で教師がいつまでも対立やいがみ合いを起こし、挙げ句の果ては、生徒をその闘争の具にしてしまうことです」と語った。

> 問　あなたは３学年の状況の報告を受けた場合、校長としてどのようなリーダーシップを発揮し、生徒や学校のためにどのような働きかけをしますか？

Case 18　解説

＊ケース作成の意図

　どの国にも国旗があり国歌がある。各国の国旗・国歌は、その国の文化伝統に根付いたものであり、国民や民族を統合し象徴する役割を担っている。しかしながら、平成11年（1999）の「国旗・国歌法」の施行以降においても、学校現場では、いまだに入学式・卒業式で国旗を掲揚し、国歌を歌うことに反対する教員がいるという実態がある。

　本ケースは国旗・国歌の問題について、国旗に関する内容記載はないが、主として国歌に関する指導について、中学校現場の教員相互の意見の違いを取り上げたものである。国旗・国歌の取扱いについては、教員をはじめ、教育関係者の間でも戦後ずっと問題にされてきたわが国の歴史的経緯があり、そのため、国旗・国歌への反対意見が職員会議や指導の前面に出て、校長の学校経営方針と衝突する場面が見られる。本ケースは、国歌の指導について各教員の考え方や価値観を問題にするものではない。学校における国旗・国歌の指導を組織体としてどのように取り扱い、どのように対処していけば教員相互の意見や考えのギャップを埋めることが可能になるか、を考えることを意図としている。

＊専門職基準との関わり

　基準Ⅶは、「校長は学校教育と社会とが相互に影響し合う存在であることを理解し、広い視野のもとで公教育および学校を取り巻く社会的・文化的要因を把握する」ことを規定している。校長は公教育を推進する責任を担っており、学校教育が特定の教員や教員集団の利益を

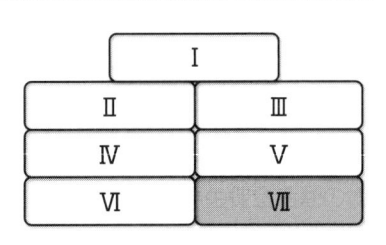

代弁するような取り組みを黙認することは許されない。

　本ケースは国歌に関する問題を取り扱っており、基準Ⅶの小項目（3）「憲法・教育基本法等に基づく学校教育のあり方」及び小項目（4）の「教育思想についての深い理解」との関連が大きい。校長は自校の公教育を進めるにあたっては、憲法や教育基本法等の関係法令等に基づいていなければならない。また教育思想はケースでいう思想・良心の自由と同じ意味と解せられる。校長は教員一人ひとりの教育思想に理解を示さなければならないが、理解は教員の思想をそのまま受け入れることではない。学校では国歌について、自らの思想や価値観にこだわって心情の倫理で指導を考える教員がいる。心情の倫理とは、ある行為がどのような結果をもたらそうと、それを意に介することなく、自己が正しいと信じた価値に従って行為をすることである。校長は国歌の指導について法令等に基づき、自らの考えを述べて公教育を進めていくことが重要である。

＊回答例

> **問　あなたは3学年の状況の報告を受けた場合、校長としてどのようなリーダーシップを発揮し、生徒や学校のためにどのような働きかけをしますか？**

　国歌の指導については、過去にも現在でも校長と教員間、また教員相互間で意見や立場のちがいから、校内で不毛な対立が生じる事態があることを承知した上で、校長としては、関係法令等を遵守して公教育を進める義務がある。したがって、自校の教職員には、生徒たちが国歌に対して正しい認識をもった上で、歌うような指導をしてほしいと考えている。こうした立場から、校長として、ケースの中のB、C、F先生に代表される意見については、以下のように受けとめ、対応したい。

・B先生の意見に対して
　　国歌の歌詞の意味については、戦前の軍国主義の文脈だけでなく、戦

後の平和主義の憲法のもとで歩んできた歴史の文脈の両面からとらえる必要がある。「卒業式は自分たちの式だから・・・」との発想は、一面的で狭く、戦後の歴史の文脈を視野に入れていない。また国歌を歌う、歌わないは生徒が話し合って決めるものではなく、学習指導要領にもとづいた教育活動であることを教育公務員として理解しておかなければならないことを校長は指導すべきである。

- C先生の意見に対して

　国旗・国歌についての正論であり、基本である。上記に述べたような教育活動として、また学校行事としての位置づけを踏まえた意見である。さらに、教員の価値観の押しつけになりやすい生徒主体論＝反対論の誤りを見抜いていると言える。こうした意見が会議の場においてきちんと出されることは、「校長が言うままに黙って従い」がちな風土を活性化するためにも意義がある。

- F先生の意見に対して

　B先生の意見が陥りがちな「生徒をその闘争の具にしてしまう」傾向に対する批判としては正当である。しかし、思想・良心の自由を優先するあまり、教育公務員として生徒を指導する自分の役割を結局棚上げしている点は一定の歯止めが必要になる。その点の指導が校長に求められる。

　以上のように、国歌について生徒に考えさせる指導は大切だが、国歌に反対なので歌わなくてよいとする指導は公教育では許されるものではない。国歌は関係法令でも学校行事の中で指導するように規定されており、その規定は特定の教育思想を強制するものではない。国歌の指導は、日本社会を担いグローバル社会で生きていく日本人を育成する視点では大切な教育内容の一つである。

〈資料〉国旗及び国家の関係資料

1　中学校学習指導要領における国旗・国歌の取扱い
　特別活動　第3　指導計画と内容の取扱い
　3　入学式や卒業式などにおいては、その意義を踏まえ、国旗を掲揚するとともに、国歌を斉唱するよう指導するものとする。

2　国旗及び国歌に関する法律（平成11年8月13日法律第127号）
（国旗）　第一条　国旗は、日章旗とする。
　　　　　　2　日章旗の制式は、別記第一のとおりとする。
（国歌）　第二条　国歌は、君が代とする。
　　　　　　2　君が代の歌詞及び楽曲は、別記第二のとおりとする。

3　教員の内心の自由との関係（平成11年7月21日　衆議院内閣委員会　文教委員会　文部大臣答弁）
　○　一般に、思想、良心の自由は、それが内心にとどまる限りにおいては絶対的に保障されなければならないということは繰り返し申し上げているとおりでございますが、それが外部的行為となってあらわれる場合には、一定の合理的範囲の制約を受け得るものと解されております。校長が学習指導要領に基づき法令の定めるところに従い所属教職員に対して本来行うべき職務を命じることは、当該教職員の思想、良心の自由を侵すことにならないと考えております。
　○　学校において、校長の判断で学習指導要領に基づき式典を厳粛に実施するとともに、児童生徒に国旗、国歌を尊重する態度を指導する一環として児童生徒にみずから範を示すことによる教育上の効果を期待して、教員に対しても国旗に敬意を払い国歌を斉唱するように命ずることは、学校という機関や教員の職務の特性にかんがみてみれば、社会通念上合理的な範囲内のものと考えられます。そういう点から、これを命ずることにより、教員の思想、良心の自由を制約するものではないと考えております。

【参考文献】
村本芳郎　1982『ケースメソッド経営教育論』文眞堂

Case 19 やる気満々の新任、はなまる校長…
学校ビジョンをどのように共有させるか

　九州未来高校は、実業女学校を前身として創設された公立の普通科と専門学科を併設する全日制高校で、今年創立100周年を迎える伝統校であり、各界で活躍する同窓生も数多く輩出している。1学年6クラス、全校生徒約700名で、男女の比率は4対6で女子生徒が多い。従来、素直で明るく、大きく伸びる可能性をもった生徒が入学してきていた。しかし、ここ数年は、少子化や地域の過疎化、地元私立高校の躍進等の影響もあり、定員ギリギリの受験生しか確保できていない。その結果、基礎学力が低い生徒が増える傾向にあり、過去3年間の進路実績は、専門学校が約5割と最も多く、大学・短大進学が約3割ではあるが、そのほとんどが推薦入試による合格で、国公立大学は年2〜3名程度の合格に過ぎず、就職（公務員2〜3名を含む）が約2割という現状である。

　この高校に新任の華丸校長が着任した。昨年まで、進路実績を上げるなど前任校を活性化させてきた人物である。そこで培った自信から、この学校の最近の進路実績の低迷が克服すべき課題であると判断し、学校のビジョンを「進路実績の向上：進路実現を目指す生徒の育成」と掲げた。さらに、数値目標として'大学・短大進学100名（約5割）、公務員20名（約1割）'を示して年度当初の校務運営委員会で提案し、それぞれの分掌において実現のための方策を検討するように指示した。校務運営委員会では、進路指導主事と3学年主任から「いきなり数値目標を示されてもこれまでの2年間、そのような計画のもとでは進んでいないので実現は困難である」と強い抗議の意見があった。他の主任・主事教員はほとんど意見を言わないが、全体的には難色を示している様子である。主任・主事教員は本校勤務5年以上・50代のベテランが多く、「昨年通り」の仕事の仕方に慣れていて「改革」を好まない傾向にある。一方、若手の教職員には意欲がある者もいるが、身分上は

講師も多く、自分の意見を示す場も少なく学校全体を動かすほどの戦力にはなっていない。さらに、教頭は３年目で、そのような学校の実態を課題とは思っていたが、改善についてはかなり困難であると感じていた。しかし、校長の思いが強いことから、進路指導主事と３学年主任を再び呼んで、学校ビジョン実現のために努力するよう説得したが、二人はなかなか納得しない。

問１　校長としての問題点はどのようなところですか？

問２　校長は、教職員全体に対してどのように学校ビジョンを共有させたらよいのでしょうか？

MEMO

Case 19 解説

＊ケース作成の背景、設問の意図

　近年、少子化の影響で、人口が集中した一部の都市部の学校を除く多くの高等学校では学級数の減少が続き、生徒の確保が学校の存続にかかわる大きな課題となっている。特に九州未来高校のような地域の2番手・3番手の公立高校は定員割れをも余儀なくされ、特色化・活性化が喫緊の課題でもある。

　さらに、私立高校も生き残りをかけて、スポーツ・文化等の特色化を図り、特待制度・奨学金制度、塾との連携等、私学ならではの工夫によってその躍進はめざましく、公立高校にとっては脅威となっている。

　このような背景の中、新任の華丸校長が赴任した。校長は、何とか定員割れを防ぎ、魅力ある学校をアピールしなければならないという使命を背負っている。高等学校が、生徒や保護者、地域から最も評価されるのは「進路実績」であると考え、これを学校の共有ビジョンとして掲げた。

　しかし、校長の思いと教職員の認識や行動には大きな隔たりがあり、なかなか学校全体の共有ビジョンとはならない。

　設問の意図は、リーダーシップを発揮して何とか学校の危機を乗り越えようとする校長と、公立学校特有の危機感の低い形骸化した教職員の意識の差を埋めながら、どのようにして学校ビジョンを共有させればよいのかを問うものである。

＊専門職基準との関わり

　専門職基準Ⅰ「学校の共有ビジョンの形成と具現化」の目的は、校長がいかにして、教職員、生徒、保護者、地域住民から支持され、共有されうる学校のビジョンを形成しその具現化を図るのか、ということである。

　特に、下位項目2)「校長としての学校のビジョンの形成」、3)「関係者

を巻き込んだ共有ビジョンの形成」に示された「校長は学校の実態と使命を踏まえつつ教職員や学校関係者から理解され意識化される学校ビジョンの形成を目指して、自分自身の教育理念や見識に基づいて学校ビジョンを構想するべきである」の2項目が本ケースと最もかかわりが深い。

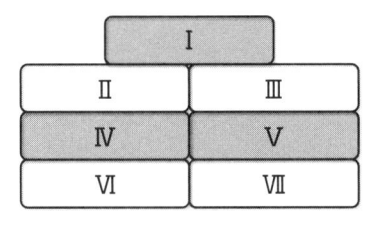

また、専門職基準Ⅳ下位項目2）「学校の共有ビジョンの実現に必要な諸資源の把握とその調達」、基準Ⅴ下位項目3）「学校に対する関心・期待の把握・家庭及び地域社会の様々な立場の人や機関等が自分の学校に寄せる関心・期待の内容を把握し、それらを教育活動の質的改善に生かすように教職員をリードする」といったところとも深くかかわっている。

*回答例

> 問1　このケースでは、校長としての問題点はどのようなところですか？

- 実態把握が不十分

　様々な方法を用いて学校の実態（生徒の学習・生活、教職員の資質・能力や職務の状況、保護者からの期待、地域社会の環境、これまでの経緯など）に関する情報を収集し、現状を把握する必要があった。

　また、前任校長の学校経営に示された進路指導方針や目標・実績等を事前に十分分析して、実現可能な数値目標等の割り出しをする必要があった。

　さらに教職員の実態の把握は、校長が学校運営を円滑に行い、学校ビジョンを共有するために最も重要であるが、主任・主事や教職員一人ひとりの資質能力や職務状況、分掌組織運営の実態等を十分に把握できていなかった。

- 学校ビジョンの設定上の問題

　　学校が果たすべき役割は、生徒や保護者、地域社会の期待や願いを実現することにある。「進路実績の向上」は、その期待や願いに間違いはないが、数値目標が前面に出たために、最も大切な「何のために」このビジョンを設定するのかについては説明不足であった。誰もが理解できて納得できる言葉を盛りこむ必要があったのではないか。

　　　例：「生徒の夢の実現のために！　進路実績の向上…」
　　　　　「将来を逞しく生き抜くために‥進路実現を目指す生徒の育成！」

- 主任・主事の理解を得るための方策の必要性

　　短期的に進路実績を上げるには、まず進路指導主事と３学年主任がしっかり連携・協力していかなければならない。そのためには、まずこの二人の進路指導に対する考えを求めた上で、校長が自らの教育理念や見識に基づいたビジョンを設定し、さらに、二人に理解を促し、納得させる必要があった。しかし、事前の打診もなく、校長個人の思いだけでビジョンを示してしまったので協力を得られなかった。他の主任・主事も同様である。

> 問２　校長は、教職員全体に対してどのように学校ビジョンを共有させたらよいでしょうか？　具体例をあげて説明してください。

- 学校ビジョンの形成に対しての戦略

　　学校ビジョンの形成にあたっては、まず、生徒・保護者・地域等が学校に一体何を求めているのか、生徒および学校の実態を踏まえて「こうありたい学校像」を明確にする必要がある。その上で、校長自らの見識と教育理念に基づく学校ビジョンを形成することが重要である。その際、主任・主事等の意見を十分に聞いて検討する時間が必要であるし、他の教職員の意識も高めなければならない。すなわち、教職員全体をビジョン形成に係わらせることが重要となる。

- 誰からも理解され意識化される文言の工夫

　　教職員全体が学校ビジョンを共有するためには、学校関係者の全て（生

徒、保護者、地域の方、職員）が理解でき、実現したいと思える文言を工夫する。学校ビジョンは全ての学校関係者から理解され意識化されていないと、教育活動そのものの方向付けがなされない。

• 公開や広報の必要性

　決定した学校ビジョンは校内やＨＰ・学校案内等に掲示し、学校全体がこのビジョンに向かって進んでいくというイメージを強調する。校長は、校外においても、学校のビジョンを様々な機会を通して提示し、学校の現状や重点的に取り組もうとしている事項や方法などを開示し、理解とともに協力を求めていく必要がある。

Column 〜数値目標の下方展開という誤解

　目標管理は「目標を管理する」ことと誤解されやすいが、英語でＭＢＯと称されるように正式には「目標による管理」（Management by objectives）のことである。すなわち、組織の目標を上から下にブレイクダウンしていくことだが、それが成果主義と結びついて数値目標の個人への下方展開となり、それが人事評価の判断基準となるなどしてしばしば弊害を生みだしてしまう。本ケースのように、目標として'大学・短大進学100名（約５割）、公務員20名（約１割）'を掲げたとき、６クラスあるので各クラスの20名が大学・短大もしくは公務員試験に合格すれば目標に達成できるという試算を行い、これをクラス担任にノルマ（数値目標）として示すとするとどのような事態が起きるだろうか。ＭＢＯでは数値目標の下方展開ではなく方略の下方展開が必要だといわれる。では、華丸校長はどのような方略をここで下ろすべきだったのだろうか。

【参考文献】
城繁幸『日本型「成果主義」の可能性』東洋経済新報社、2005年。
溝上憲文『隣りの成果主義』光文社、2004年。

Case 20 閉鎖的な体質を改善し、学校の根幹である授業の質を高めていくには？

　九州太郎校長は、福岡創造高校に赴任した。1学年9クラス、教員70名程度であり、地域ではトップ校ではないが中位の進学校である。校内を見回ると生徒は明るく、挨拶もよくする。生徒指導も一定の規律が保たれている印象を受けた。しかし、授業中の生徒の姿を見て愕然とした。それは一部だが、とても授業が成立しているとは思えない光景が見られたからである。他教科の内職、居眠り、私語、携帯電話でのメールなどをしている生徒たちに教師は気づかず、また気づいても注意をしない。教師の声は小さく何を言っているかわからない、ひたすらプリントを配布するだけで、生徒の理解度を確認しないまま一方的に進める授業が見られた。全員ではないが、特に教職経験年数が長いベテランの教師に多かった。

　生徒や保護者からは、ある特定の教師に対して授業改善への要望がしばしば出され、教頭の指導も行われてきた。生徒に対して授業アンケートを実施しているが、授業に問題のある教師はアンケート結果を見ても改善しようとしない。学校としては数年前からこうした教師に対して、授業の担当者を学期によって交代するなどの方策が取られていた。しかし、授業担当者が変わり、理解できない授業を受ける生徒からは不平、不満が絶えない。またそれをフォローしなければならない同僚の教師の負担も増えたために、不満感、疲労感が漂っていた。

　そこで校長は、問題のある教師を呼んで注意をしたが、「わからない生徒が悪い」「このような指導は心外である」の一点張りであった。

　こうした状況の改善のために、校長は「授業こそが学校の根幹であり、生徒がわかる授業を」というビジョンを打ち出すことにした。従来の指導方法にとらわれるのではなく、入試傾向の変化や社会、保護者、生徒の多様なニーズに応じた授業の工夫改善に努力し、授業の質を高めてほしいと考えたから

である。
　そして、校長は教務主任等と協議し、「内部で駄目ならば、外部からの風を」と考えた。それは、大手予備校の講師を招いて、先生方の授業を参観してもらい、授業改善の具体的な手だてを示すというアイディアだった。問題のある教師の指導力向上をめざすだけでなく、これを機会に多くの教師が視野を広げ、時代のニーズに応じた授業の工夫改善につなげてほしいとの考えからだった。
　教務主任等も校長の意見に賛同し、職員会議で提案した。しかし、会議では指導力のない教師側からではなく、逆に意欲的に実践している教師側から猛反発が出た。「研究授業も行っており、教育センターの指導主事ではなく、なぜ外部の予備校なのか」「センターの研修も受講し、さらに実施する必要があるのか」「授業は大学入試のためなのか」などの意見が続いた。このままでは教員全体の意欲を削ぐ結果となり、新しい指導法を多くの教師が身につけ、スキルアップを目指すという校長のビジョンは理解されそうにない。

> 問1　「外部からの風（予備校講師による授業改善）」の進め方の問題点は何でしょうか？
> 問2　教科指導に問題のある教師が存在している中で、どのような方策で授業改善を進めていきますか？

Case 20　解説

＊ケース作成の意図

　高校の現状を見るとき、教師の教科における指導観、指導法がこれまでの自分の経験だけに頼っているという実態が多い。

　公開授業週間等を設定する場合もあるが、教師の横並び意識が強いせいか、他の教師の授業についてはあまり積極的にものを言わない雰囲気が存在する場合もある。指導の効果が数値として現れることも少なく、教師の指導法・指導技術に対する省察や分析の機会が乏しく、授業の課題が意識されにくい。

　今後、定年退職者の増加により、多くの新規採用教員を迎える。かつて、初任者は同学年や同教科の先輩教師から指導法を学び、先輩教師は同学年や同教科の後輩を育てるといった風土が学校にはあったが、現在は、業務の多忙化などによりそうした機会は薄れている。教育センターでの授業改善の講座に参加する教員も多くはない。

　本ケースでは、生徒指導上問題が無いように見える校内で、特定の教師による授業に問題があり、この問題を放置すればいずれ学級崩壊、学校崩壊が訪れるのではないかとの危機感から、教科指導のあり方の見直しが必要であると判断したケースである。授業改善が必要な教師に対して、様々な取り組みをしているが改善されていない中で、新しい発想での授業改善の方策を提案した例である。新しいものを取り入れることへの抵抗感が強い学校風土の中で、外部の力を取り入れるというアイディアが適切であったのか、授業改善に関する校長のビジョンが通りにくい状況をどのように変革していくのかを考えるねらいがある。

＊専門職基準との関わり

　専門職基準Ⅱは「教育活動の質を高めるための協力体制の風土づくり」を

掲げており、「学校にとって適切な教科指導及び生徒指導等を実現するためのカリキュラム開発を提唱・促進し、教職員が協力してそれを実現する体制づくりと風土醸成を行う」とある。とりわけ下位項目（5）「教員が能力向上に取り組める風土醸成」の中の「絶えず新しい教授法や教材開発に取り組む風土醸成」に着目し、下位項目（3）「児童生徒の学習意欲を高める学校環境」を推進するものである。また、基準Ⅲ「教職員の職能開発を支える協力体制と風土づくり」や基準Ⅳ「学校の共有ビジョンの実現に必要な諸資源の把握とその調達」とも関連している。

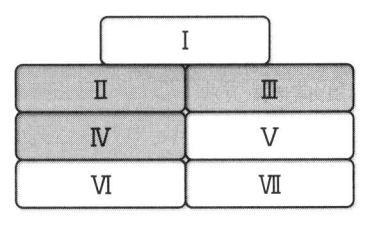

＊回答例

問1　「外部からの風（予備校講師による授業改善）」の進め方の問題点は何でしょうか？

　本ケースでは、①今までの校内における取り組みの反省がなされていない点、②新しい取り組みを早急に進めている点、③校長の意図が職員全体に伝わっていない点が問題である。従来はなかった試みを取り入れることへの抵抗感は、学校の中ではしばしば見られる。予備校講師を招いての授業改善の手法は、教師の授業に対する否定と受け取られかねない。特に意欲的に取り組んでいる教師に対しては、校長の意図が誤解され、不信感につながる。また、本ケースでは、あえて教職経験が長いという文言が入っており、長い教職経験を否定することに繋がらないような配慮も必要である。こうした中、新しい試みをビジョンとして立ち上げるためには、その意図を組織全体に十分に伝え、教員全体が十分に理解していることが必要である。学校現場の業務の多忙化を考慮しながら、校長は、できるだけ業務の偏りが生まれないよう具体的な措置をする必要がある。また、学校・学年の行事の精選や見直しを行い、スリム化をめざす決断も迫られる。

①今までの校内における取り組みの反省がなされていない点について
- 授業改善委員会を立ち上げ、現在までの取り組みの問題点を出し、改善すべき点がないか共通認識を持ち、どのような手を打つことができるかを検討する。また、授業改善が望めない教師についての情報を収集し、指導方針を委員に伝える。

②新しい取り組みを早急に進めている点
- ある程度の期間で進めるものとし、学校の実情に応じて1〜3年で実行するものとして企画する。初年度は、予備校の授業を見に行ける環境づくりから始めていく。

③校長の意図が職員全体に伝わっていない点
- 職員会議での趣旨説明が重要である。どういう意図で実施するのか、狙いは何なのかを伝える。教師の指導力が学校の基盤であることを、プライドを傷つけることなく話す事が必要となる。

問2　教科指導に問題のある教師が存在している中で、どのような方策で授業改善を進めていきますか？

方策としては、教科指導に問題がある教師個人への対応と、同時に教師の横並び意識による互いの授業についてものを言わない閉鎖的な雰囲気の改善の二つがある。これらの方策では、生徒の不利益にならないような配慮が必要であり、本ケースにあるように、授業担当者を学期等で入れ替えながら生徒の学力を保証し、時には管理職が参観する中で授業をすることも必要になる。

①教科指導に問題がある教師への対応
- 複数の教員から話を聞く、また実際に校長自ら授業参観をするなど、該当教員の現状確認を行うことが必要である。そして、授業アンケートの状況、保護者からの申し出の事実を該当教職員に事実を伝え、授業改善のための取り組みを行うように指導し、教頭、指導教諭等が授業参観を実施することを伝える。

②教師の横並び意識が強いせいから、互いの授業についてものを言わない

風土への対応
- 高校の場合、議論を通しての研修について教師はあまり経験がないだろう。まずは、議論の仕方についての研修を実施し、話し方、進め方を理解し、ディベートを行うなど、まずは、議論慣れしておくことも必要である。全教職員の参加が無理であれば、主要なメンバーにだけでも研修を受講させ、その後、議論場面の設定を各教科で行うこともできる。
  職員会議が伝達会議となる傾向の中で、敢えて議論をする場面設定をして、議論する雰囲気、風土を教職員内に定着させていく。

③その他
- 若手教師、中堅教師を積極的に、先進的な取り組みを行っている学校（公立、私立とも）へ視察に行かせ、報告会と勤務校への還元を提案させる。そうした中の選択肢の一つとして、予備校の授業参観や講師招聘というアイディアを提示する。

Column ～教育産業との向き合い方

　近年、進学塾や予備校の講師が、教員研修に招かれたり公立学校の生徒に直接教えたりするケースが、各地で広がりを見せている。受験産業と学校との垣根が低くなり、首都圏では義務教育の学校でもこの動きがあるという。専門家は「少子化が進む中で、進学実績などが学校の評価に大きく影響される現状が背景にある」と指摘する。三重県立白子高校（同県鈴鹿市）は、授業時間外に行う課外活動で地元の塾などと協力し、進学指導や基礎学力の充実に向けた取り組みを進めている。2006年度には塾講師が出前講義を行ったほか、塾側との懇談を通して教員の指導力向上を図った。さらに、進学希望者の一部については、1学期末の保護者懇談会を、データの充実している塾に教員らが出向いて実施した。また、基礎学力を定着させるため塾作成の小テストを基にした計算問題のプリントを生徒に段階的に取り組ませ、効果を

あげている。同校の教頭は「生徒の学力をつけ、本人の進路の希望をかなえさせたいとの思いは塾も学校も同じ。模試の結果を活用し、きめ細かい進路指導を進める塾のノウハウは十分に役立っている」と話す。

　こうした動きの中、三重県教育委員会は、県立高校教員を対象に教科指導の専門性向上を図る研修に予備校の講師を招いた。国語や英語、数学について予備校の講師が模擬授業などを行った。福井県教育委員会も予備校の講師を招き高校教員を対象にした研修会を開催したりしてきた。担当者は「受験という明確な目的で進められる予備校の講義やノウハウを学ぶことは、教員同士の研修とは違った刺激になる。県内には大手予備校がなく夏休みなどに都市部の予備校に通わせるには家庭の経済的負担も大きいという地域事情もある」と話す。ただ、進学指導では塾側と現場教員とのギャップもあるという。白子高校の教頭は「限られた時間で受験に必要な勉強を最優先したい塾と、受験には関係のない科目や学校活動も考える必要がある教員とで、考え方の違いはある」と打ち明ける。

　また、小中学校と塾の連携は、首都圏をはじめとして動き出している。東京都杉並区の和田中学校で始まった有料授業「夜スペシャル」がその例である。保護者や地域住民でつくる「和田中地域本部」の取り組みだが、大手進学塾の講師による講義などがあり関心を呼んだ。東京都港区では予備校の講師が新人教員対象の研修の一部を担当した。さらに、05年度からは中学校で土曜日の補習を開講し、予備校に講師派遣を依頼している。

　元中学校教員の河上亮一氏（日本教育大学院大学教授）は、「ここ20年ほど、日本の伝統的な指導のスタイルがうまくいかなくなっているのも事実であり、学校の教員が研修で塾の教え方を学ぶのも一つの方法だ。ただ、塾は受験など目標が明確で、そこで学ぶ子どもには意欲があることが前提となっている。学校はそのような子どもたちばかりではない。学校の役割をきちんと認識した上で、学ぶ意味を発信できなければ、根本的な解決にはならない」と語っている。

【参考資料】
「塾　高校　連携の動き」中日新聞　2008年3月10日

Case 20　閉鎖的な体質を改善し、学校の根幹である授業の質を高めていくには？

MEMO

Case 21　有名監督は体罰教師!?

　本年度あなたは校長として、県立梅ヶ枝高校に赴任した。

　梅ヶ枝高校はスポーツ系の部活動が盛んなことで有名であり、特にサッカー部は過去10年で全国大会に7回出場するほどの強豪校である。サッカー部を率いる菅原教諭の評判は全国的に極めて高く、学区内に転居してでも同校に通いたいという生徒が多数いる。また、菅原教諭は生徒指導においても優れた指導力を発揮しており、県内有数の荒れた学校であった梅ヶ枝高校を立て直した立役者でもあった。

　以上の実績からか、原則として5〜7年で他校へ異動させる県の方針に反し、菅原教諭は20数年にわたり同校に勤務し続けている。また、周囲の教職員や生徒たちも、菅原教諭を「情熱を持って指導する熱い先生」として一目置いており、梅ヶ枝高校にとっては無くてはならない存在であるといえる。

　インターハイ地区予選を控えた4月下旬のある日、サッカー部の保護者数名が連れ立って校長室を訪れた。話を聞くと、二つのグループに分かれて対立しているようだ。

　「校長先生！菅原先生の体罰をご存知ですか？有名監督だからって、いつまで放置するつもりですか。問題が起きてからでは取り返しがつかないですよ。直ちに改善されなければ、マスコミに報じてもらいますよ」

と一方の保護者グループがあなたに食ってかかると、

　「この時期にどうしてそんな話を持ち出すんですか？私たちの息子は

レギュラーとして必死に菅原先生のご指導を仰いでいます。補欠のお子さん方のやっかみで、大事な大会を台無しにしないでください」

と、もう一方の保護者グループが応酬し、互いに一歩も引かない。

確かに、あなたも菅原教諭の体罰疑惑については耳にしており、折に触れて注意を促してきた。しかし、当の菅原教諭は全く自覚が無いばかりか、「強い部にするためにはそれなりの指導は必要です。私のやり方が気に入らないというなら、クビにでも何でもしてください」と開き直る始末である。

ひとまず、保護者グループ双方の意見を聞き、後日改めて説明の機会を設けることにしたあなたは、今後の対応について思案を巡らせた。

問1　梅ヶ枝高校では、なぜこのような事態が起こったのでしょうか。

問2　校長であるあなたは、今後この問題へどのように対応しますか。

MEMO

Case 21　解説

＊有名監督は体罰教師！？

　「学校の自主性・自律性確立」を志向した近年の学校経営改革を受け、各学校には「特色ある学校づくり」が求められている。そのなかで、梅ヶ枝高校は、スポーツ（部活動）に「特色」を見出した学校といえる。

　しかし、梅ヶ枝高校の「特色」であった部活動が体罰問題を引き起こす。梅ヶ枝高校の「特色」に期待を寄せる生徒・保護者、そして現在の梅ヶ枝高校躍進の立役者である菅原教諭に対して、校長はどのような行動をとるべきか。さらに校長として、梅ヶ枝高校を今後いかに改革していくべきだろうか。

＊専門職基準との関わり

　本ケースではまず、2組の対立する保護者と、自らの指導方法へ自信を持つあまり周囲の声を聞き入れない菅原教諭にいかに対応するかという、危機対応（クライシスマネジメント）が求められる。そのため、専門職基準Ⅳ「諸資源の効果的な活用と危機管理」の下位項目「4）危機管理体制のための諸活動のリード」と関わりが深い。

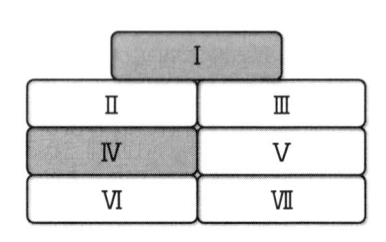

　また本ケースからは、梅ヶ枝高校に根付く体罰を容認する組織風土を読み取ることができる。この組織風土を改革しなければ、今後も同様の問題が繰り返されると予想されるため、校長には危機対応にとどまらず、梅ヶ枝高校の組織改革が求められる。その点で、専門職基準Ⅰ「学校の共有ビジョンの形成と具現化」にも関係する。

＊回答例

問1　梅ヶ枝高校では、なぜこのような事態が起こったのでしょうか。

- 体罰を容認する組織風土が存在したため。
- 部活動への期待が大きく、また菅原教諭の影響力が大きいあまり、その改革を行うことがタブー視されてきたため。

＜解説＞

　部活動強豪校における対外試合等の成績は、生徒・保護者、学校の双方にとって極めて重要である。なぜなら、部活動の成績は生徒・保護者にとっては就職や進学に直結する実績となり、高校にとっては自校の宣伝、すなわち生徒獲得の有効な手段となりうるからである。部活動に「特色」を見出した梅ヶ枝高校も同様の状況にあったと考えられる。

　また部活動指導に加え、かつての「荒れ」を立て直した菅原教諭が梅ヶ枝高校に与える影響力は大きい。そのため、菅原教諭の言動（体罰行動）に対し、周囲が異を唱えることは困難であったと推測される。

　以上を背景とし、体罰を容認する生徒・保護者、学校（教師）の「共犯関係」、すなわち梅ヶ枝高校における体罰を容認する組織風土が形成され、維持されてきたと考えられる。

問2　校長であるあなたは、今後この問題へどのように対応しますか。

①危機対応（クライシスマネジメント）
- 教頭等をトップに据えた調査チームを編成し、菅原教諭およびサッカー部生徒から体罰の事実確認を行う。
- サッカー部保護者会会長等へ事前に接触し、意見が対立する保護者への対応方法について協議する。
- 昨今の体罰事例や「体罰防止マニュアル」等を活用し、教職員・生徒

を含む学校全体で、体罰の非教育性・非効果性を再確認し、根絶を目ざす。
- 上記の取り組みを踏まえ、体罰問題への取り組みについてサッカー部保護者へ説明し理解と協力を求める。場合によっては、対立する保護者の各グループへの個別対応も求められる。

＜解説＞

サッカー部における体罰の事実確認と、意見が対立する保護者に対しては個々に説明が求められる。また、体罰問題はサッカー部に限らず、梅ヶ枝高校に蔓延する課題と考えられるため、体罰の問題性について組織内での共通認識を図る必要もある。

②組織改革
- 菅原教諭に対して体罰の非教育性や非効果性を認識させ、意識変革を強く迫る。
- 組織内外から収集した情報をもとに梅ヶ枝高校の現状を把握し、組織改革のビジョンを構築する。その後、菅原教諭等を中心としたミドル・アップダウン型での組織改革を促す。

＜解説＞

梅ヶ枝高校における体罰は、組織に蔓延する課題として読み取ることができ、今後も同様の問題が発生する可能性が高い。よって校長は、今回生じた「「危機」を組織改革に利用」（高田 2003：22）し、梅ヶ枝高校の改革を図る必要がある。

この組織改革を行ううえで、菅原教諭はキーパーソンとなりうる存在である。高い指導力を持ち、周囲からもその力量が認められている菅原教諭を組織改革へ巻き込み、ミドル・アップダウン型での組織改革をいかに促すかが校長には求められる。そのためには、校長がいかに魅力的な改革ビジョンを掲げるかが重要なポイントとなる。

Column 〜部活動の意義

　少子化が進行する現在、入学者獲得が喫緊の課題である高等学校において、部活動はSI（School Identity）戦略のツールとして用いられる傾向にある。しかしその戦略が、「生徒不在」のものとなってはいないだろうか。

　「特色ある学校づくり」が求められる高等学校の現況を踏まえると、SI戦略としての部活動の位置づけは一概に否定できない。しかし、「なぜ学校で部活動を行う必要があるのか」という生徒目線、教育的観点からの認識と、教員および生徒の共通理解を怠ってはならない。

　本ケースを検討するに当たり、上記視点も踏まえることで、その対応が「生徒不在」のものとならぬよう留意してもらいたい。

【参考文献】
高田朝子『危機対応のエフィカシー・マネジメント―「チーム効力感」がカギを握る』慶應義塾大学出版会、2003年。
西島央編著『部活動―その現状とこれからのあり方―』学事出版、2006年。
三輪定宣・川口智久編著『先生、殴らないで！―学校・スポーツの体罰・暴力を考える―』かもがわ出版、2013年。

編著者一覧

日本教育経営学会会長
　牛渡　　淳　（仙台白百合女子大学／学長）　巻頭言

日本教育経営学会実践推進委員長
　元兼　正浩　（九州大学大学院人間環境学研究院／教授）
　　　　　　　　　　　　　　　　　　序、第1部2、第2部 CASE05 Comment

日本教育経営学会実践推進委員
　曽余田浩史　（広島大学大学院教育学研究科／准教授）
　浅野　良一　（兵庫教育大学大学院学校教育研究科／教授）
　　　　　　　　　　　　　　　　　　第1部1、第2部 CASE06 Comment
　大野　裕己　（兵庫教育大学大学院学校教育研究科／准教授）　第2部 CASE08 Comment
　大竹　晋吾　（福岡教育大学教職大学院／准教授）　　　　　　第2部 CASE02 Comment
　金川舞貴子　（岡山大学大学院教育学研究科／講師）
　川上　泰彦　（佐賀大学文化教育学部／准教授）　　　　　　　第2部 CASE01 Comment
　高木　　亮　（就実大学教育学部初等教育学科／講師）　　　　第2部 CASE03 Comment
　淵上　克義　（岡山大学大学院教育学研究科／教授）
　日髙　和美　（九州共立大学経済学部／講師）　　　　　　　　第2部 CASE07 Comment

特別協力
　竹内　伸一　（慶應義塾大学大学院経営管理研究科／特任准教授）　第2部 CASE04 Comment

日本教育経営学会実践推進委員会幹事
　梶原　健二　（九州女子短期大学子ども健康学科／講師）
　金子　研太　（九州大学大学院／博士後期課程、日本学術振興会特別研究員）第1部5
　波多江俊介　（熊本学園大学／専任講師）　　　　　　　　　　第1部3
　畑中　大路　（山口東京理科大学／助教）　　　　　　　　　　第1部4
　楊　　　川　（九州大学大学院人間環境学研究院／学術協力研究員）

ケース教材開発委員
　池田いくみ　　磯野みのり　　梶原　健司　　門　　　悟　　金石　芳朗　　兼安　章子　　川野　　司
　後藤　良信　　竹添　智美　　田中　恒次　　田中　美保　　谷口　親史　　中嶋　亮太　　楢原　英樹
　野口　信介　　橋本真理子　　古橋　章秀　　藤原　直子　　宮川　久寿　　宮原　仁美　　森　　明浩
　山口真奈美　　山田　敏明　　吉嶋　哲也

次世代スクールリーダーのためのケースメソッド入門

　　　　　2014年8月　初版発行
　　　　　2017年8月　初版第3刷発行
　編　集：日本教育経営学会実践推進委員会
　発行者：仲西佳文
　発行所：有限会社　花書院
　　　　　〒810-0012　福岡市中央区白金2-9-2
　　　　　電話．092-526-0287　FAX．092-524-4411
　印刷・製本：城島印刷株式会社

無断複製・転載を禁ず